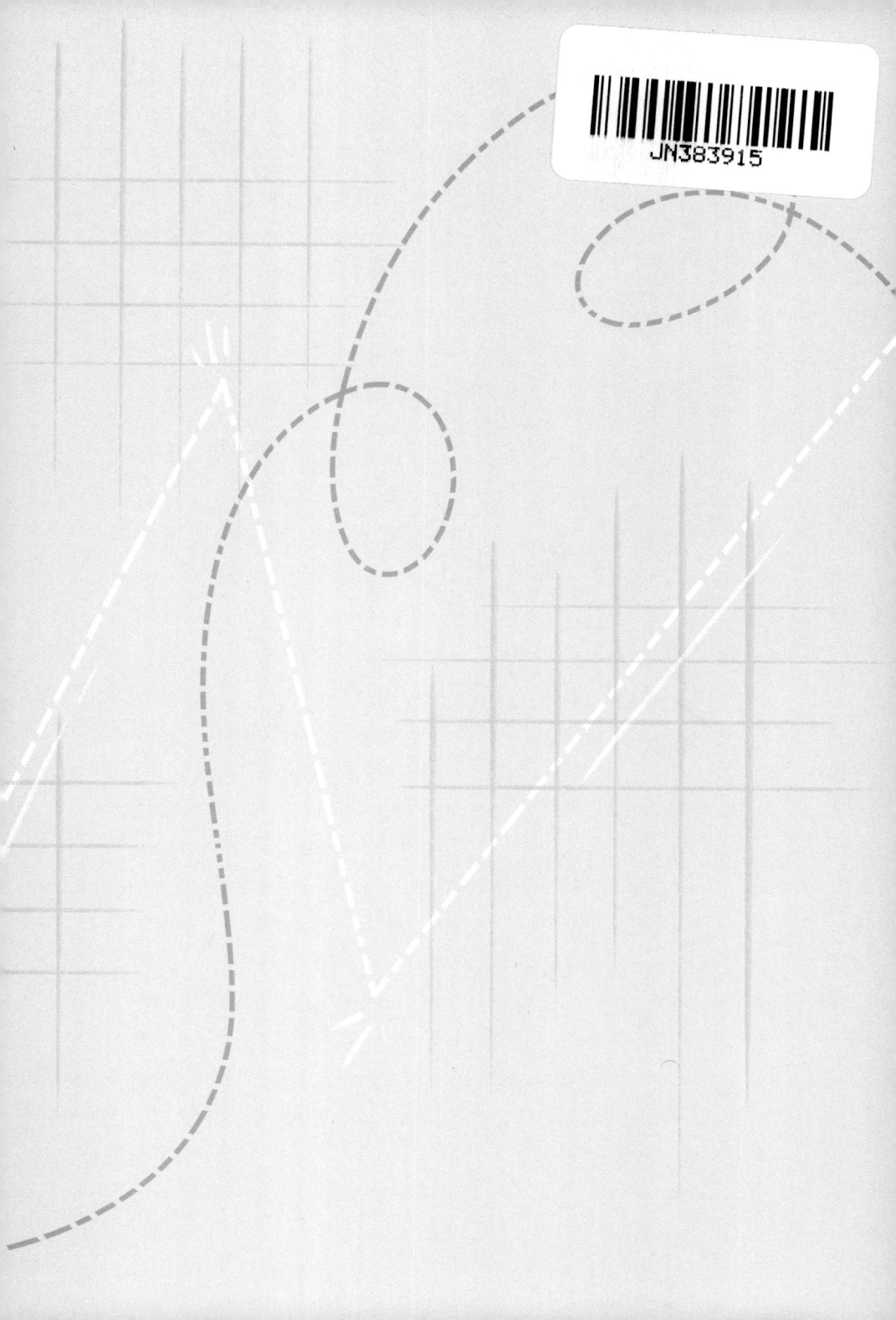

경제가 중요해!

ECONOMY MATTERS
ⓒ Dalcò Edizioni
Via Mazzini n. 6-43121 Parma
www.dalcoedizioni.it
Forewords: Oscar Farinetti
Text: Giuseppe Morici
Illustrations: Tommaso Vidus Rosin
All rights reserved.
Korean translation rights ⓒ SOSO Ltd., 2025
Korean translation rights are arrangement with Dalcò Edizioni through AMO Agency Korea.

이 책의 한국어판 저작권은 AMO에이전시를 통해
저작권자와 독점 계약한 (주)소소 첫번째펭귄에 있습니다.
저작권법에 의해 한국 내에서 보호를 받는 저작물이므로
무단전재와 복제를 금합니다.

경제가 중요해!
핵심 단어로 알아보는 경제의 모든 것

주세페 모리치 글 | 토마소 비두스 로진 그림 | 이승수 옮김

첫번째 펭귄

차례

서문 우리에게는 혁명이 필요해요 _ 오스카 파리네티 … 8

첫 번째 단어, **경제** … 11

시장이란 뭘까요 … 14

경쟁이 필요해요 … 16
    애덤 스미스의 '보이지 않는 손' … 18

욕구가 시장을 만들어요 … 20
    에이브러햄 매슬로의 '욕구 피라미드' … 22

수요 – 우리가 사는 모든 것 … 24

공급 – 판매되는 모든 것 … 26

생산 – 원자재를 상품으로 만드는 마법 … 28

독점 – 판매자가 한 명뿐이에요! … 30

독점 금지로 소비자를 보호해요 … 32

제품은 어떻게 탄생할까요 … 34
    필립 코틀러의 '마케팅' … 36

보이지 않는 상품, **서비스** … 39

소비 – 써서 없애는 활동! … 40

자유 시장에서 **가격**이 정해지는 원리 … 42

기업은 멋지고 복잡한 아이디어 공장! … 44

기업가는 이익도, 위험도 모두 떠안는 사람 … 46

　루이사 스파그놀리의 '세상에 없는 것 상상하기' … 48

공장, 혁명이 일어난 곳! … 50

전문성을 갖춘 리더, **관리자** … 52

　마리사 벨리사리오의 '남녀 평등 경영' … 54

전략 – 다른 제품과 다르게 만드는 것! … 56

　마이클 포터의 '5세력 모형' … 58

일자리를 주는 사람, **고용주** … 60

노동자의 단결, **노동조합** … 63

인적 자원 – 업무 능력과 리더십 능력이 필요해요 … 64

　아드리아노 올리베티의 '직원 복지 최우선' … 66

급여는 일하고 받는 노동의 대가 … 68

돈의 가치는 항상 똑같지 않아요 … 70

기업의 작은 조각들, **주식** … 72

증권 거래소에서 주식과 채권을 사고팔아요 … 74

상장 – 회사 주식을 증권 거래소에 등록해요 … 76

채권 – 회사에 돈을 빌려줘요 … 78

회사를 사거나 합치는 **인수 합병** … 81

수익 – 회사에 들어와야 할 돈 … 82

비용 – 제품 생산과 회사 운영에 드는 돈 … 84

이익 – 수익에서 비용을 빼고 남는 돈 … 86

순이익 – 1년 동안의 최종 이익 … 88

재무제표는 회사의 1년 성적표 … 90

회사를 세우려면 **자본**이 필요해요 … 92

더 많이 벌기 위해 앞날을 보고 **투자**를 해요 … 94

금융 – 대출, 공동 투자로 자금을 마련해요 … 96

　무하마드 유누스의 '마이크로크레디트' … 98

회사는 주주에게 **배당금**으로 순이익을 분배해요 … 100

부채와 신용 관리는 기업의 생존을 좌우해요 … 102

법원에 **파산** 신청을 할 수도 있어요 … 104

위험이 높으면 기대 수익도 높아요 … 106

높은 **수익률**은 위험 투자에 대한 보상이에요 … 108

국가의 부를 말하는 GDP … 110

재정 수지 - 국가도 적자가 쌓이고 있어요! … 113

공공 부채 - 갓난아기도 빚이 3,200만 원이 넘어요! … 114

    존 메이너드 케인스의 '위로부터의 개입' … 116

세금은 모든 시민이 부담하는 사회 비용 … 118

요금은 어떤 서비스를 이용하는 대가 … 120

    제러미 벤담의 '최대 다수의 최대 행복' … 122

인플레이션 - 돈의 가치가 뚝뚝 떨어져요! … 124

    루이지 에이나우디의 '인플레이션 탈출, 경제 기적 달성' … 126

민영화와 자유화, 혼동하지 마세요 … 128

경제 성장이 반드시 복지를 가져오지는 않아요 … 130

    안토니오 제노베시의 '시민 경제' … 132

세계화 - 정말 작은 세상이에요 … 134

    반다나 시바의 '환경 생태 운동' … 136

미래 세대를 위한 지속 가능성, 바로 여러분을 위한 일이에요 … 138

옮긴이의 말 … 140

서문

우리에게는 혁명이 필요해요

오스카 파리네티 (이탈리아의 사업가·작가)

사랑하는 독자 여러분, 이 책에서 나는 여러분처럼 청소년이 되어 보았어요. 그리 어려운 일은 아니었어요. 나는 수십 년간 아이처럼, 청소년처럼 생각하려고 훈련해 왔거든요. 어떻게? 대답보다는 질문을, 확신보다는 의심을 더 좋아하면 돼요. 끊임없이 호기심을 갖고 변화를 받아들이면 돼요.

청소년이 되어 본 내게 경제가 무엇인지 알려 준 주세페 모리치에게 깊은 감사를 드려요. 몇 가지 중요한 단어를 통해 이렇게 쉽게 경제가 무엇인지 가르쳐 주어서 감사해요.

난 경제와 밀접한 분야인 금융을 아는 것도 중요하다고 생각해요. 왜냐고요? 경제와 금융, 둘 다 정말 큰 변화가 필요하기 때문이에요.

그런 큰 변화는 여러분 세대가 만들어야 하고요. 솔직히 말해서 나는 가끔 혁명을 상상하기도 해요. 그런데 무언가를 바꾸려면 그것에 대해 잘 알아야 해요. 그래서 이 책이 필요한 거예요.

여러분이 이 책에서 읽을 내용에 대해서는 미리 말하지 않을 거예요. 다만 내가 이 책을 읽고 이해한 것만 말해 볼게요. 이 책의 저자는 재미있게 글을 써요. 여러분도 이 책을 읽는 것이 정말 즐거울 거예요.

경제는 농업, 교육, 글쓰기, 달력, 종교, 철학 등 우리 삶을 이루는 여러 요소들과 마찬가지로 우리의 상상력이 만들어 낸 거예요.

우리는 상상력, 발견, 발명을 통해 다른 동물과 다른 존재가 되었고 결국 지구의 지배자가 됐어요.

문명의 역사가 이어지는 동안 상품은 점점 더 정교하고 다양한 방식으로 생산되었어요. 이 상품을 어떻게 교환할지 정하기 위해 경제가 발명되었고요. 경제는 놀라운 발명품이에요. 이 책의 저자는 마치 마법처럼 신기하고 흥미롭게 경제에 대해 설명하고 이를 통해 우리는 경제의 작동 방식을 가까이에서 지켜볼 수 있어요. 수세기 동안 경제는 점점 더 정교해졌기 때문에 누군가가 설명해 주지 않으면 무척 복잡해 보일 수 있어요.

내가 중요하게 생각하는 것이 또 있어요. 바로 이 책의 마지막 단어인 '지속 가능성'이에요. 이 단어에는 몇 가지 중요한 성찰과 제안이 담겨 있어요.

여러분, 경제라는 멋진 기계가 조금 '혼란에 빠져' 있어요. 위험하게도 돈에 대한 욕망이 너무 강해지면서 사람들이 지나치게 이익을 추구하고 있어요. 그러면서 다른 사람과 지구에 대한 존중이 부족해졌죠.

이제 필요한 것은 새로운 감정이에요. 어떤 희생을 치르더라도 부자가 되는 것이 '멋져' 보인다면 문제는 해결되지 않아요. 다른 사람과 지구를 존중하는 것이 '멋진' 행동이라고 생각하게 만들어야 해요. 이제 더는 성장을 GDP(국가의 경제적 부를 나타내요)로만 측정할 수 없어요. 그러니까 법과 규칙보다는 감정의 혁명을 통해 새로운 형태의 경제를 설계해야 하죠. 그리고 혁명은 청소년 여러분이 만들어 낼 거예요. 여러분이 부와 복지의 개념을 새롭게 정의해 낼 거라고 나는 확신해요. 그전에 경제라는 '기계'가 어떻게 작동하는지부터 알아야겠죠?

그럼, 즐거운 독서 되세요.

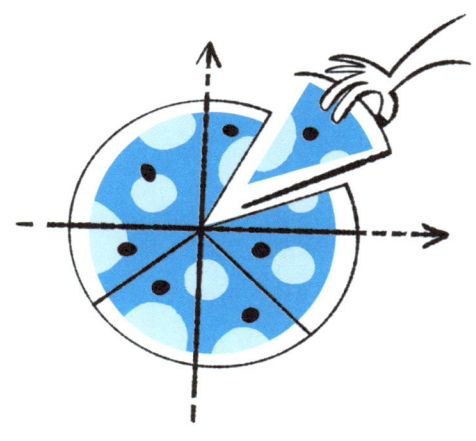

첫 번째 단어, 경제

이 책은 '기업 경제'(민간 경제에 속해요)나 '국가 경제'(공공 경제에 속해요) 같은 경제의 기본 단어를 어린 학생들에게 설명해 주기 위해 쓰였어요. 그중 가장 중요한 단어인 '경제'를 여기서 먼저 설명하고 싶어요. 경제라는 단어를 설명하면서 이 책을 쓴 이유도 함께 설명할게요.

보통 '경제'라고 하면 즉각 돈이 떠오를 거예요. 하지만 그래서는 안 돼요. 영어로 경제는 'economy'라고 해요. 그리스어 단어인 오이코스(oikos)와 노모스(nomos)에서 유래했고 둘 다 돈을 뜻하지 않아요.

노모스는 규칙이나 규범을 의미해요. 그래서 별의 규칙을 다루는 천문학을 영어로 'astronomy'라고 하고, 농업의 규칙을 다루는 농업경제학을 'agronomy'라고 해요.

그러면 오이코스는 무슨 뜻일까요? 집이나 가족 공동체를 의미해요. 그리스에서 오이코스는 가족, 한집에 사는 노예, 농장(고대 경제의 기본 단위였어요)을 포함하는 사회의 기본 단위였어요.

경제라는 단어가 돈과 소득에 연결되는 이유를 알겠죠? 사실 가족은 집과 농장을 통해 생활에 필요한 돈, 즉 수입을 얻었어요. 그러나 농장의 소득을 농장, 가족, 사람, 공동체와 혼동하는 것은 아주 큰 실수예요. 사실 경제(그리스어 유래를 따지면 집의 규칙이라는 뜻이겠죠)는 단순히 돈만이 아니라 집 안의 물건들을 관리하는 것에서 생겨났어요. 이렇게 넓고 오래된 의미에서 출발해야만 경제의 진짜 의미를 잘 알 수 있어요.

그러니까 경제는 단순히 돈 관리가 아니라 자산 관리가 되어야 해요. 그리고 오늘날의 세계와 마찬가지로 고대 그리스에서도 자산은 금융 자산뿐만 아니라 환경 자산(농장의 토지), 인적 자산(가족), 사회 자산(농장의 공동체)을 포함했어요. 경제는 소득은 물론 인간, 환경, 공동체의 균형까지도 생각하는 거예요.

고대 그리스에서 경제라는 단어가 지녔던 의미는 지금도 중요해요. 경제라는 단어의 의미를 금융만이 아닌 다른 여러 측면으로까지 확장하지 않는다면 사회적 책임과 환경적 지속 가능성이 무슨 소용이 있겠어요?

바로 그런 이유 때문에 이 책에서 아드리아노 올리베티, 안토니오 제노베시, 무하마드 유누스 같은 사람들을 소개하는 거예요. 그들은 지난 수십 년간 경제에 대해 널리 퍼진 그 어떤 해석보다 광범위하고 풍부하고 지속 가능한 해석을 했어요. 경제 활동이 인간과 사회에 도움이 되게 하는 것이 현재 시민 경제의 큰 흐름이에요.

마지막으로, 이 책이 어린 학생들을 대상으로 하는 데는 이유가 있어요. 경제에 올바르고 중요한 사회적 역할을 줌으로써 문명을 발달시키고 지구를 지켜야 할 사람은 바로 미래의 주인공인 여러분이기 때문이에요.

시장이란 뭘까요

시장이 뭔지 말할 수 있나요? 집 근처에 있는 시장만 말하는 게 아니에요. 뭔가를 사는 사람과 파는 사람 사이에 자유롭고 계속적인 교환이 이루어지는 곳이 시장이에요. 상품 시장(식품, 옷), 서비스 시장(세탁, 임대), 가치 시장(금융 상품)이 있어요. '시장'은 경제를 이해하는 데 가장 먼저 필요한 단어예요. 최초의 시장은 기원전 2000년경에 메소포타미아와 팔레스타인에 생겼어요. 현대적인 시장은 서기 1000년 이후 유럽에서 탄생했고요. 봉건 사회가 자유 무역으로 부를 쌓으면서 자본가 계급이 사회를 주도하기 시작한 때였죠. 시장은 자유로워야 해요. 누구나 물건을 만들어 팔아서 돈을 벌 수 있어요. 누구든 시장에서 자신의 욕구를 충족할 수 있어요.

시장과 자유는 아주 밀접하게 연결되어 왔어요. 시장은 물건을 판매하는 기업가의 왕국이에요. 또한 가장 품질이 좋고 가격이 싼 물건을 자유롭게 찾아가는 고객의 왕국이기도 해요. 아주 간단해 보이죠? 절대 그렇게 간단하지 않아요. 세 가지 문제를 생각해 볼까요?

첫 번째 문제는 기업과 국가의 관계예요. 기업의 자유가 커질수록 시장을 통제하기 위해 국가가 더욱 개입해야 해요.

두 번째 문제는 역사상 엄청난 부를 쌓은 사람은 아주 적다는 거예요. 그런데 엄청난 부를 쌓은 기업가가 있다면 국가는 어떡해야 할까요? 그 사람을 방해하지 않으면서 부를 재분배하고 불평등을 줄이기 위해 개입해야 해요.

세 번째 문제는 경제 활동으로 환경 자원(강물, 토양 등)이 소모되거나 손상되는데도 대부분의 사람이 별다른 관심을 갖지 않는다는 거예요. 그러므로 미래의 기업가와 입법자(법 만드는 사람 – 옮긴이)는 과거의 기업가와 입법자보다 훨씬 더 똑똑해야 해요. 깨끗한 지구를 지키고 균형 잡힌 사회를 만들지 못한다면 시장은 가치가 없기 때문이에요.

공급이 수요를 만나는 곳
여러분은 여러분이 사용한 책이나 장난감을 팔아 본 적이 있나요? 그런 경험이 있다면 시장이 뭔지 바로 알 거예요! 시장은 파는 사람과 사는 사람이 만나는 곳이에요. 경제 용어로 말하면 공급(26쪽)이 수요(24쪽)를 만나는 곳이죠.

경쟁이 필요해요

시장이 무엇인지 알았으니, 이제 경쟁에 관해 이야기해 볼게요. 시장이 없으면 경쟁도 없으니까요. 경쟁은 상인이나 기업가가 더 많이 팔기 위해 벌이는 시합이에요. 또한 경쟁은 사업의 핵심이죠. 경쟁 덕분에 사람들은 자신의 능력을 발휘해 새로운 제품을 만들거나 이미 있는 제품을 더 낫게 바꾸거나 더 싸게 생산하지요. 애덤 스미스는 영국의 철학자이자 경제학자예요. 그는 기업과 고객이 완전한 경쟁 체제에서 자유롭게 행동하게 하면 자신의 이익을 높이기 위해 노력한다고 주장했어요. 더 좋은 품질과 더 나은 가격을 목표로

하면 실제로 시장에는 이익이 될 거예요. 경쟁 시장에 뛰어든 사람들은 많은 사람에게 이익이 되는 쪽으로 움직이거든요. 그렇다면 경쟁은 어떻게 일어나는 걸까요? 경제적 자유가 있으려면 시장이 필요하고 시장이 있으려면 경쟁이 필요해요. 경쟁이 있으려면 많은 활동이 필요하죠. 그러나 그것만으로는 충분하지 않아요. 적절한 경쟁이 일어나게 해서 시장에 참여한 사람들이 좋은 결과를 얻게 해야 해요. 그게 현대 국가의 중요한 임무지요. 따라서 경제에는 자유뿐만 아니라 꼼꼼한 감시도 필요해요.

공평한 시합

동네에 과자 한 봉지를 1,000원에 파는 가게가 있다고 해 봐요. 그 동네에 새 가게가 생기면 첫 번째 가게의 고객을 끌어오기 위해 최선을 다할 거예요. 똑같은 과자를 더 싸게 팔 수도 있죠. 여러분은 분명히 새로운 가게에서 과자를 살 거예요. 동네에 가게가 하나뿐이었을 때는 그 가게의 주인이 모든 것을 결정할 수 있었어요. 하지만 두 번째 가게가 생기면 독점(30쪽) 체제에서 경쟁 체제로 바뀌게 돼요. 고객과 가게 주인은 같은 힘을 갖게 되고 '시합'은 공평해지죠.

애덤 스미스의 '보이지 않는 손'

누구일까요?
자유 경쟁을 주장한 경제학자이자
현대 자유주의 경제 사상의 창시자예요.

언제, 어디서 살았나요?
1700년대 영국에서 살았어요.

왜 중요할까요?
애덤 스미스는 자유 경쟁을 지지한 경제학자예요. 인간이 자유롭게 자신의 이익을 좇게 하면 간접적으로 모든 사람이 이익을 얻게 된다고 믿었죠. 사람들이 자신의 이익을 위해 노력하면 '보이지 않는 손이 움직여서 개개인이 의도하지 않은 목적, 즉 공동의 이익을 이루도록 돕는다'라고 말했어요.

스미스는 공동체의 구성원은 자신의 이익을 최대한 실현하기 위해 자유롭게 활동할 수 있어야 하고, 그럼으로써 공동의 이익에 도움을 준다고 했어요. 그의 사상에서 핵심은 시장, 자유 경쟁, 개인의 이익을 좇을 수 있는 자유예요. 이런 이유로 스미스는 현대 경제 사상과 자유주의 철학의 창시자로 여겨지죠. 자유주의 경제 철학에 따르면 국가는 개인의 경제적 자유를 지키고 개인의 힘으로 충족시킬 수 없는 공동체의 필요를 해결해야 해요.

"보이지 않는 손이 움직여서
개개인이 의도하지 않은 목적을 이루도록 돕습니다."

욕구가 시장을 만들어요

부모님에게 아이스크림이 먹고 싶다고 하거나 게임기 또는 신발을 사 달라고 부탁할 때마다 여러분은 욕구를 표현한 거예요. 욕구는 경제에 중요해요. 시장은 욕구에서 탄생하거든요. 시장은 경제의 기초고요!

차근차근 설명해 볼게요. 사람들은 욕구를 충족시키기 위해 상품(아이스크림, 자전거, 집)이나 서비스(미용, 호텔 휴가, 기차 여행)를 사요. 여러분은 배가 고플 때 뭘 먹고 싶나요? 부모님은 우리가 뭘 먹고 싶은지 알고 슈퍼마켓에서 고기, 과일 등을 사요. 배고픔처럼 뭔가 부족해서 채우고 싶은 느낌이 욕구예요. 부족한 것을 채울 수 있도록 시장이 만들어지죠.

욕구가 수요로 바뀌어서 시장을 만들고 경제의 바퀴를 돌리는 거예요. 배가 고프면 집 근처 슈퍼마켓에 가서 음식을 사겠죠. 배고픔이라는 욕구가 수요로 변한 거예요. 그리고 수요가 공급(슈퍼마켓)을 만나서 시장을 만든 거죠. 여러분의 자전거는 오래되어 낡았지만 친구들은 모두 반짝이는 새 자전거를 갖고 있다면, 여러분도 새 자전거를 갖고 싶어져요. 욕구는 욕구를 충족시킬 방법을 찾게 해요. 겨울은 따뜻한 것을, 여름은 시원한 것을 원하게 해요. 아름다운 산속에서 휴가를 보내고 싶다는 욕구도 생기죠. 요즘 유행하는 옷은 1차적 욕구, 즉 살기 위해 꼭 필요한 욕구는 아니지만 그래도 욕구를 느끼게 해요. 기업은 사람들을 연구해서 뭘 필요로 하는지 알아내어 새로운 제품을 만들어 내고, 사람들이 제품을 사도록 홍보를 하죠.

욕구 피라미드
2차적 욕구(책을 읽거나 극장에 가고 싶은 욕구 등)도 1차적 욕구만큼 중요해요. 단지 급한 순서로 따졌을 때 나중에 오는 욕구일 뿐이에요. 심리학자 에이브러햄 매슬로는 욕구를 피라미드로 설명했어요.

에이브러햄 매슬로의 '욕구 피라미드'

누구일까요?
미국의 심리학자로, 인간의 욕구를 순서대로 나열한 '욕구 피라미드'로 유명하죠.

언제, 어디서 살았나요?
1908년부터 1970년까지 미국에서 살았어요.

왜 중요할까요?
에이브러햄 매슬로는 피라미드를 그렸어요. 맨 아래 1단계에 인간의 생리적인 욕구(숨쉬기, 먹기, 마시기, 생식, 잠자기)를 놓고, 그 위의 2단계에 안전 욕구(신체적 안전, 건강, 직업과 사유 재산 보호), 3단계에 소속과 애정 욕구(가족과 친구 무리에 속해 있다는 느낌, 연인이나 배우자와의 친밀한 관계를 갖는 것)를 놓았어요. 그 위의 4단계에는 존경, 명성, 성공에 대한 욕구(자존감, 자제력, 존경, 자신의 갈망 충족)가 포함되고 피라미드의 맨 꼭대기인 5단계에는 자아실현 욕구가 들어갔어요. 마지막 5단계에 도달한 사람은 창의성과 도덕성을 추구하고 다른 사람에게 인정받고 싶어 해요. 매슬로에 따르면 사람의 욕구는 1단계에서부터 차례대로 충족돼요. 먼저 살아남기 위해 식량을 확보한 뒤에야 다른 욕구에 대해 생각할 여유가 생기는 거죠.

"하나의 욕구가 충족되면 또 다른 욕구가 생깁니다."

수요 – 우리가 사는 모든 것

여러분의 부모님은 매월 얼마나 지출하나요?

　부모님이 옷, 식료품, 집세, 공과금, 교육, 자동차, 병원 진료, 전화 등에 많은 돈을 쓴다고 생각해 봐요. 각각의 가구가 구매한 상품과 서비스의 총량을 '수요'라고 해요. 수요와 가격은 시간에 따라 변하며 서로 영향을 미쳐요. 예를 들어 과자에 대한 욕구가 증가하면 수요도 증가하죠. 그러나 과자 가격이 오르면 수요는 감소해요. 과자를 예전보다 덜 사려 하죠. 그러다 아무도 과자를 사지 않으면 가게는 과자 가격을 낮추게 돼요. 그러면 누군가가 다시 과자를 사러 가게로 오죠. 수요가 증가하는 거예요. 이런 현상을 '수요의 가격 탄력성'이라고 해요. 가격 변화에 따라 수요가 변하는 거예요.

　필수품이 아닌 상품이나 서비스의 가격 탄력성이 더 커요. 반면 매일 먹어야 하는 쌀이나 면의 경우에는 가격이 변해도 수요가 크게 변하지 않아요. 가격 탄력성이 낮다는 뜻이에요. 부모님의 수입이 줄어들면 소비가 줄어들 가능성이 높기 때문에 소득도 수요에 영향을 미쳐요. 경제 위기가 닥치면 사람들은 상품을 덜 사요. 이렇게 수요가 감소하면 기업은 생산량을 줄이기 때문에 일자리도 줄어들죠. 그러면 사람들의 수입이 줄어들고 상품을 훨씬 덜 사게 되죠. 경제 위기가 위기를 더욱 키우는 연쇄 효과가 일어나는 거예요. 이때 국가가 수요를 늘리면 경제에 도움이 돼요. 예를 들어 국가가 도로나 전력망에 투자하면 상품과 서비스에 대한 수요를 자극하여 경제 위기에서 벗어나는 데 도움이 됩니다. 수요와 공급을 자유롭게 풀어 주면 균형 가격에 도달하고 시장을 규제하는 데 도움이 돼요. 가격 상승에 따라 수요와 공급을 자유롭게 줄일 수 없거나 누구에게 제품을 구매할지 선택할 수 없다면 자유 경쟁은 일어나지 않아요.

공급 – 판매되는 모든 것

수요란 사람, 기업, 국가가 필요로 하는 모든 상품과 서비스예요. 하지만 기업과 국가는 공급자가 될 수도 있어요. 공급이란 무엇일까요? 시장에서 판매되는 모든 상품과 서비스를 말해요. 여러분의 엄마가 자전거 회사에 다니고 아빠는 카페를 운영한다고 가정해 봐요. 자전거 회사가 1년간 만든 자전거는 모두 시장에 공급되는 상품이에요. 아빠가 매일 카페에서 만드는 커피, 음료, 샌드위치도 마찬가지예요. 국가도 상품이나 서비스 공급에 도움을 줄 수 있어요. 예를 들어 식료품을 판매하거나 운송 서비스를 제공하는 국가가 있어요.

　가격은 수요뿐만 아니라 공급에도 영향을 미쳐요. 과자로 설명해 볼게요. 과자의 가격이 낮을수록 공급은 줄어들어요. 기업은 너무 낮은 가격에 과자를 판매하기보다는 제품을 창고에 쌓아 두고(창고에 쌓아 둔 상품을 '재고'라고 불러요 – 옮긴이) 가격이 오를 때까지 기다리기 때문이에요. 반면 어떤 상품

의 가격이 비쌀수록 기업은 더 많이 판매하고 싶어 하기 때문에 공급도 늘어나요. 가격 말고 또 무엇이 공급에 영향을 미칠까요? 상품의 생산 비용도 가격에 영향을 미쳐요. 기술 혁신은 상품의 질을 높이고 생산량을 늘릴 수 있어요. 국가는 어떤 상품에 세금을 매기지 않아서 구매를 높일 수 있어요(쌀). 아니면 높은 세금을 매겨서 구매를 줄일 수도 있고요(담배). 한편 해당 상품의 생산자들이 서로 어떤 관계를 맺는지도 가격에 영향을 미쳐요. 생산자들이 특정 시기에 공급을 줄이기로 합의했다고 해 봐요(아이스크림 생산자들이 여름 전에 가격에 합의하는 경우). 아니면 어떤 지역에서 경쟁을 피한다고 해 봐요(아이스크림 생산자 1은 해변의 카페 1에서, 아이스크림 생산자 2는 해변의 카페 2에서 자신의 아이스크림을 판매하는 식으로 경쟁을 피하는 경우). 그러면 공급 구조가 심각한 영향을 받아 시장에서 경쟁이 사라질 수 있어요. 시장 경제의 규칙이 뭔지 아세요? 수요와 공급 모두 완전 경쟁 상태, 즉 사람들은 자신이 원하는 사람에게서 물건을 살 수 있고 기업은 최대한 많은 사람에게 상품과 서비스를 팔 수 있다는 거예요. 이 규칙이 성립하지 않으면 시장은 없는 거예요!

생산 – 원자재를 상품으로 만드는 마법

어린 시절 아마도 공장을 그려 본 적이 있을 거예요. 지붕에 굴뚝이 있고 연기가 나오는 그림 말이에요. 이제는 기업이 단순히 공장 건물만으로 이루어진 것이 아니라는 사실을 알고 있을 거예요. 하지만 생산은 여전히 시장에서 가장 매력적인 요소 중 하나예요. 생산은 '마법'처럼 원자재를 완제품으로 바꿔요. 초콜릿 비스킷을 만든다고 상상해 봐요. 밀가루, 달걀, 설탕, 초콜릿 등이 필요할 거예요. 생산이란 원료가 비스킷이 되는 과정이에요. 오늘날 거의 모든 생산은 산업 생산이에요. 지난 100년간 기업이 거대하게 성장한 것은 바로 산업 생산 덕분이죠. 무엇보다도 거의 모든 사람이 식수, 난방, 음식, 옷, 신발, 책, 가구, 전자 제품을 저렴한 가격에 살 수 있는 건 대량 산업 생산 덕분이에요.

20세기 공장에서 엔지니어들은 매우 빠른 생산 공정을 만들어 냈어요. 저렴한 비용으

로 분당 수백 번의 작업을 똑같이 반복하는 거예요. 풍부하고 값싼 석유 등이 공장에 동력을 공급했죠. 이와 같은 생산 공정에서는 원자재를 환경에서 가져온 다음 에너지를 태워서 상품을 생산해요. 그리고 그렇게 생산한 상품을 소비하고 나면 폐기물이 생겨요. 이제 그런 방식은 지구의 자원을 점점 더 줄어들게 하고, 폐기물이 점점 더 늘어나게 해요. 폐기물을 처리하기는 점점 더 어려워지고요. 오늘날 생산에서 진짜 도전 과제는 환경적 지속 가능성이에요. 순환 생산 공정은 태양, 물, 바람 같은 에너지와 재활용되는 자원을 사용해요. 그러니 깨끗한 환경을 지키면서 대량 생산의 혜택도 누리고 싶다면 순환 생산 공정으로 빨리 바꿔야겠죠.

표준화와 자동화

산업 생산에서 각각의 제품은 표준을 따라요. 다시 말해 항상 동일해요. 수공업 장인은 맞춤 상품을 만들지만 공장에서는 그러지 않아요(일부 품목의 경우 맞춤 제작을 해요. 나이키 신발을 생각해 봐요). 산업 생산의 두 번째 특징은 자동화예요. 공장에서는 정보 기술이 모든 것 또는 거의 모든 것을 자동화하고 통제해요. 사람의 손길이 필요한 건 컴퓨터를 제어해 기계를 조절하는 것뿐이에요.

독점 – 판매자가 한 명뿐이에요!

혹시 고속도로를 달려 본 적이 있나요? 고속도로는 독점이에요. 독점이란 구매자는 많지만 판매자는 단 한 명뿐이라서 경쟁이 불가능한 시장을 말해요. 같은 상품이나 서비스를 파는 판매자가 없기 때문에 독점 판매자에게는 아주 좋은 상황이죠. 독점은 자연적일 수도 있고 법적일 수도 있어요. 같은 상품이나 서비스를 제공하는 사람이 둘 이상이 되지 않는 경우 '자연 독점'이라고 해요. 고속도로는 같은 경로를 따라 둘 이상 있을 수 없기 때문에 자연 독점이에요. 한편 한 사람이 어떤 상품이나 서비스를 공급하도록 법으로 정해지는 경우도 있어요. 예를 들어 의약품은 법적 독점이에요. 어떤 제약 회사가 신약을 개발했다면 20년 동안 독점적으로

그 약을 생산할 수 있어요. 그 약에 대한 특허가 끝난 후에야 다른 회사가 생산할 수 있지요. 독점으로 누가 이익을 얻을까요? 일반적으로 자연 독점과 법적 독점 모두 생산자를 보호해요. 그래야 누구도 생산하지 않으려는 상품을 만들 테니까요. 같은 경로를 따라 두 개의 고속도로가 있다고 생각해 봐요. 환경 자원이 엄청나게 낭비될 거예요. 게다가 차들도 두 개의 고속도로로 나뉘어 달려서 고속도로 건설에 들어간 돈을 거둬들이기 힘들 거예요. 그러면 누가 고속도로를 건설하겠어요. 결국 고속도로는 생기지 않을 거예요. 마찬가지로 신약 개발에는 아주 많은 돈과 시간이 들어가요. 그런데 누구든 신약 개발에 돈과 시간을 들이지 않고 새로운 약을 베낄 수 있다면 어떤 회사도 연구를 계속하지 않을 거예요.

　독점은 그런 일을 막고 '공공의 이익'을 보호하기 위해 생긴 거예요. 물론 독점으로 가격이 매우 비싸고 직원이 불친절할 수 있어요. 그래서 국가는 독점 업체의 상품과 서비스를 정기적으로 감시하고 가격을 규제해야 해요.

독점 금지로 소비자를 보호해요

누군가에게 '나는 너를 믿어'라는 말을 들어 본 적이 있나요? '믿는다'는 건 '신뢰'한다는 거예요. 영어로 신뢰는 트러스트(trust)라고 해요. 트러스트는 '카르텔(cartel)'을 의미하기도 해요. 트러스트 또는 카르텔은 일부 기업이 서로 경쟁하지 않기로 합의할 때 발생해요. 기업에 유리하고 고객에게 불리한 경제적 조건을 만드는 거지요.

초콜릿 시장에 20명의 생산자와 수많은 고객이 있다고 상상해 봐요. 카카오(초콜릿 원료 - 옮긴이) 가격이 갑자기 크게 오르자 20명의 초콜릿 생산자가 만났어요. 그리고 초콜릿 가격을 언제 얼마나 올릴지 합의했어요. 그러면 고객은 가격 인상을 받아들일 수밖에 없어요. 초콜릿 카르텔은 완전히 불법이기 때문에 정부가 단호하게 단속하고 처벌해야 해요.

그런데 왜 그럴까요? 대답은 간단해요. 우리의 경제와 법은 기업이 서로 경쟁하면 모든 사람이 이익을 얻을 거라고 가정해요. 특히 고객은 더 낮은 가격에 더 나은 상품을 사서 이익을 얻죠. 마찬가지로 기업도 이익을 얻어요. 경쟁에서 승리하기 위해 지속적으로 발전해 나가는 것 자체가 기업에는

> **구글, 거만한 거인!**
> 생산자들 간의 카르텔이 없어도 가장 큰 기업이 다른 기업과 고객에게 피해를 주고 경쟁을 왜곡하는 경우가 있어요. 예를 들어 구글은 안드로이드 스마트폰을 만드는 회사들에 구글 검색 엔진과 크롬 브라우저를 미리 설치하게 강요해서 비난을 받았어요. 스마트폰에서 플레이 스토어에 접근하려면 필요한 프로그램이기는 하지만 말이죠.

이익이에요.

어떤 카르텔의 경우 경쟁자들이 특정 영역에서 경쟁하지 않기로 합의해요. 휘발유 유통 회사들이 구역을 나누어 갖는다고 가정해 봐요. 각각의 회사는 주어진 구역에서 아무런 경쟁 없이 마음대로 가격을 올려요. 고객은 휘발유가 떨어지면 가장 가까운 주유소에서 부르는 대로 돈을 내고 사야 하죠! 우리나라에는 경쟁을 보호하고 기업의 행동을 감독하는 공정거래위원회가 있어요. 잘못된 행동을 조사·제재하고, 자유 경쟁을 보장하며, 소비자를 보호하기 위한 매우 광범위한 권한을 갖고 있어요.

제품은 어떻게 탄생할까요

따르릉. 매일 아침 알람이 울면 침대에서 일어나 세수를 하고 옷을 입고 아침을 먹고 버스나 자동차, 자전거를 타고 학교에 가요! 학교에 가기까지 전자업계, 가구업계, 비누업계, 의류업계, 식품업계, 운송업계의 제품을 이용해요.

그런데 제품이란 무엇일까요? 제품은 기업이 시장에 내놓는 활동의 결과물이에요. 제품은 기업가가 문제를 해결하거나 고객의 삶을 개선하기 위해 생각했던 것을 실현한 거죠.

제품은 잠깐 쓸 수 있는 비내구재(고무줄, 일회용 배터리), 비내구재보다 오래 쓰지만 내구재보다는 오래 쓰지 못하는 준내구재(옷, 신발, 가방), 수년간 쓸 수 있는 내구재(이층 침대, 등산용 고리, 램프)로 나뉘어요. 아, 그 외에도 영원히 쓸 수 있는 제품(보석)도 있어요. 그리고 많은 제품에는 액세서리(휴대 전화 이

어폰)나 교체용 부품(옷을 사면 딸려 오는 여분 단추)이 함께 제공되기도 해요.

마케팅 전문가인 필립 코틀러는 제품(product), 가격(price), 유통 경로(place), 판매 촉진(promotion)을 마케팅의 네 가지 기본 요소(4P)라고 했어요.

이런 이유로 기업은 제품을 발명하고(혁신), 시제품(시험적으로 만든 물건 – 옮긴이)을 만들고(개발과 산업화), 대량 생산을 하고(산업 생산), 품질을 관리하고(품질 보증), 판매·배포하고(판매와 물류), 광고를 해요(마케팅).

새로운 제품의 탄생
제품은 기업가의 아이디어에서 탄생할 수 있어요. 기업이 소비자의 새로운 욕구를 찾아내어 제품을 개발할 수도 있어요. 예를 들어 볼까요? 초콜릿 잼인 누텔라는 이탈리아 사람인 피에트로 페레로가 만들었어요. 자전거에 쓰이는 전기 모터는 자전거를 타는 사람에게 무엇이 필요한지 연구한 결과로 만들어졌고요. 하지만 우연히 제품이 탄생할 수도 있어요. 전자레인지가 그래요. 미국 회사의 기술자가 주머니에 있던 초콜릿 바가 마이크로파에 녹은 것을 보고 발명했거든요!

필립 코틀러의 '마케팅'

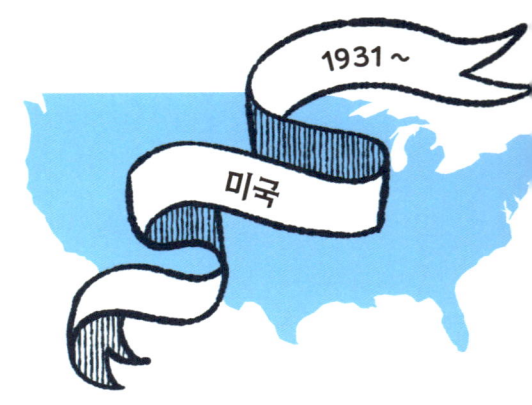

누구일까요?
1931년에 태어난 미국의 경제학자이자 교수예요. 유명한 '마케팅 전문가'이자 마케팅 4P 모델의 창시자예요.

언제, 어디서 살았나요?
1931년에 태어나 미국에서 살고 있어요.

왜 중요할까요?
필립 코틀러는 현대 마케팅의 '아버지'예요. 그가 등장하기 전까지만 해도 기업들은 시장의 반응보다 제품의 품질에 중점을 두었어요. 코틀러는 고객에게로 관심을 돌렸어요. 기업이 시장을 이해하고 소비자의 욕구를 파악해서 적절히 상품을 공급해야 한다는 거죠. 이게 바로 오늘날의 마케팅이에요. 소비자의 욕구를 연구해야 기업은 '잘 팔릴' 제품을 만들 수 있어요. 또한 코틀러는 마케팅 4P 모델을 전파했어요(4P는 마케팅의 네 가지 기본 요소인 제품, 가격, 유통 경로, 판매 촉진을 의미해요). 이 모델은 20세기에 나왔지만 여전히 중요해요. 마케팅 전략에서 성공적인 공급을 계획하기 위해 필요하죠.

> "마케팅의 황금률 :
> 고객이 당신에게 해 주었으면 하는 대로 당신도 고객에게 해 주세요."

보이지 않는 상품, 서비스

마트에서 사 온 과자를 공원에서 친구들과 함께 먹으면 제품을 소비하는 거예요. 식당에서 샐러드를 주문하면 서비스를 받게 되고요.

제품과 서비스의 차이점은 무엇일까요?

제품은 모두 소비되거나(과자) 쓸모를 잃을 때까지(아주 오래된 낡은 자동차) 한 사람에게서 다른 사람에게로, 그리고 또 다른 사람에게로 넘어갈 수 있는 유형 자산이에요.

반면 서비스는 한 사람에게서 다른 사람에게로 넘길 수 없는 무형 자산이에요. 식당의 경우 샐러드는 제품이에요. 하지만 우리는 식당에서 샐러드와 함께 서비스도 사요. 주문을 받고 테이블에 음식을 가져다주는 직원, 주방에서 일하는 직원, 식당에서 들려주는 음악, 주인의 친절에 대한 비용을 지불하는 거죠. 간단히 말해 서비스는 상품과 다르고 공급자와 분리되지 않으며, 서비스를 받는 사람은 서비스를 다른 사람에게 넘길 수 없어요.

서비스 경험은 세 가지 요소, 즉 서비스 제공자(종업원, 운전사), 서비스 자체(식사, 교통), 고객(여러분)으로 구성되어 있어요.

19세기와 20세기 경제는 처음에는 1차 산업(농업), 그다음에는 2차 산업(생산)에 기반을 두었어요. 하지만 오늘날 경제는 주로 3차 산업(서비스)에 기반을 두고 있어요. 기업은 물론이고(전화나 인터넷 서비스를 판매하는 업체를 생각해 보세요) 국가도 서비스를 제공할 수 있어요. 국가는 일반적인 행정 서비스(예를 들어 각종 증명서나 도로 안전)뿐만 아니라 개인이나 기업이 제공할 만한 서비스(우편이나 철도 서비스)를 제공하기도 해요.

소비 – 써서 없애는 활동!

'소비주의'라는 말을 들어 본 적 있나요? 오늘날에는 거의 모든 사람이 꼭 필요하지 않은 제품과 서비스도 구매할 수 있는 소비 사회에 살고 있어요. 얼마 전까지만 해도 소수의 부자만 2차적인 욕구를 충족시킬 수 있었어요. 그러다가 점차 수백만 명의 사람이 필요 이상의 옷, 가구, 텔레비전, 냉장고, 자동차 등을 구입할 수 있게 되었어요.

소비 사회에서 구매를 참기는 쉽지 않아요. 사람들이 소비에 빠지면 소비주의가 어떻다느니, 과소비가 어떻다느니 하는 말들이 나오죠.

이제 우리의 소비 수준은 쓸모없는 욕구, 즉 광고나 다른 사람을 따라 하고 싶다는 모방 욕구를 만족시키는 수준에 도달했어요. 그런데 도대체 소비란 뭘까요?

소비는 제품과 서비스를 사용해서 그 쓸모가 일부 혹은 전부 없어지는 거예요. 박물관에서 입장권을 사는 것은 아무것도 소비하지 않고 서비스(박물관 견학)를 이용하는 거예요. 반면 박물관 카페에서 음료를 마시는 것은 소비를 하는 거죠. 음료를 마시는 순간 더는 다른 사람이 마실 수 없거든요. 이것이 사용과 소비(제품이나 서비스를 다 써서 없애거나 파괴하는 것)의 차이예요.

소비는 최종 소비와 중간 소비로 나뉘어요. 상품이나 서비스를 즐기는 사람(박물관 카페에서 음료를 마시는 사람)은 최종 소비자예요. 반면에 또 다른 제품이나 서비스를 완성하기 위해 제품이나 서비스를 사용하는 사람(샐러드용 채소를 소비하는 박물관 카페 직원)은 중간 소비자예요.

> **소비를 아는 것이 중요해요**
> 기업의 마케팅 담당자는 제품 소비를 공부하고 알아야 해요. 그래야 기존 제품을 발전시키고, 신제품을 개발하고, 효과적인 광고를 할 수 있어요.

자유 시장에서 가격이 정해지는 원리

온라인에서 가격이 얼마지? 상점에서는 얼마일까? 분명 관심 있는 제품의 가격을 여러 번 조사해 봤을 거예요. 가격은 특정 양의 제품과 교환되는 돈의 액수예요. 500원에 아이스크림을 사면 그게 바로 가격이죠.

부모님이 자동차를 사고 싶어 한다고 해 봐요. 판매자가 3,000만 원을 달라고 했지만 결국 2,900만 원에 합의했다면 가격은 얼마일까요? 가격은 판매자가 제안한 값이 아니라 고객이 실제로 지불한 값이에요. 따라서 이 경우 자동차 가격은 2,900만 원인 거죠. 교환이 발생한 경우에만 가격이라고 하고 교환이 없었던 경우에는 희망 소비자 가격이라고 해요. 그렇다면 가격은 어떻게 결정될까요?

세 가지 방법이 있어요. 첫 번째는 생산자가 결정하는 거예요. 예를 들어 생산자는 아이스크림 생산에 드는 비용(400원이라고 가정)을 계산하고 수익으로 벌고 싶은 금액(100원)을 더해 500원에 판매해요.

두 번째는 구매자가 결정하는 거예요. 구매자는 집을 나서면서 아이스크

림에 돈을 얼마나 쓸지 생각해요. 400원이면 충분하다고 생각했다고 해 봐요. 400원은 아이스크림 가격이 얼마일 거라는 경험에 따른 거예요. 거기에 여러분의 주머니에 돈이 얼마나 있는지와, 여러분이 그날 오후에 무엇을 하고 싶은지를 고민한 결과이기도 해요. 아이스크림 판매자는 여러분이 영화관에 가서 팝콘을 사든 말든 관심이 없어요. 하지만 여러분은 그렇지 않죠!

가격이 결정되는 세 번째 방법은 수요와 공급의 만남이에요. 동네에 아이스크림 가게가 하나밖에 없고 아이가 많다면 가격은 아마도 500원이 될 거예요. 여러분이 아이스크림을 사지 않아도 다른 아이가 반드시 살 테니까요. 반대로 아이스크림 가게가 많고 아이가 적다면 아이스크림 가격은 500원 이하로 떨어질 가능성이 높아요. 그러다 언젠가 아이스크림 가격이 생산 비용인 400원 아래로 떨어지고 일부 아이스크림 가게는 문을 닫게 돼요. 그렇게 아이스크림 가게가 줄어들면 공급이 수요와 균형을 이룰 거예요. 반대로 아이스크림 가격이 너무 많이 오르면 사람들은 아이스크림을 사지 않고 팝콘만 살 거예요. 그러면 아이스크림 가격이 내려가겠죠. 그리고 다시 공급이 수요와 균형을 이룰 거예요.

자유 시장에서는 가격이 이렇게 결정돼요.

기업은 멋지고 복잡한 아이디어 공장!

부모님이 타는 차는 누가 만들까요? 우리가 먹는 과자는 누가 만들까요? 우리가 입는 옷은 누가 만들까요?

대답은 거의 항상 기업이에요. 기업은 제품을 만들어 판매함으로써 이익을 얻어요. 기업은 서비스도 제공해요. 영화관을 생각해 보세요.

영화관은 새로 나온 영화를 상영해요. 영화관은 물건을 만들지 않지만 그래도 기업이에요.

기업은 정확히 무슨 일을 하는 곳일까요? 기업은 경제 활동을 하는 조직이에요. 기업에는 몇 가지 특징이 있어요. 우선 기업에는 제품 아이디어가 있어요. 기업가는 아이디어를 제품으로 만들기 위해 기업을 세운 거예요. 둘째, 자본, 즉 기업가가 사업에 투자한 돈이 있어요. 셋째, 노동, 즉 해당 기업을 위해 자신의 시간을 사용하고 급여를 받는 사람들이 있어요. 넷째, 기술, 즉 어떤 기업이 다른 기업보다 더 잘하는 모든 것의 총합이 있어요.

아이디어가 휴대 전화가 되기까지

휴대 전화를 예로 들어 볼게요. 공장은 휴대 전화를 생산하는 곳이에요. 생산된 휴대 전화는 공장에서 창고로, 창고에서 상점으로 보내져요. 그런데 기업은 제품을 구상하고 디자인하고 생산하고 판매하는 데 무엇이 필요한지를 찾고 제품을 홍보하는 조직이기도 해요. 그 외에도 기업은 돈과 직원과 품질을 관리하고 생산 등 모든 활동을 계획할 수 있어야 해요. 그래야 휴대 전화가 시장에 나올 테니까요.

기업과 공장의 차이점은 무엇일까요? 공장은 상품이 실제로 생산되는 장소예요(나중에 더 자세히 설명할게요). 기업의 일부이기도 하고요.

그런데 기업의 목적은 무엇일까요? 사람들은 기업의 유일한 목적이 이윤 창출이라고 해요. 하지만 절대 그렇지 않아요. 기업은 이윤 창출만 하기에는 너무 멋지고 복잡해요. 기업은 무엇보다도 아이디어를 갖고 있어요. 아이디어를 실현시킬 능력도 있죠. 고객이 제품을 사도록 설득하는 열정도 있고요.

물론 그렇게 제품을 사게 하면 당연히 이익이 따라오겠죠! 그러나 이익은 목표가 아니에요. 이익은 좋은 아이디어와 제품에 대한 보상이죠.

기업가는 이익도, 위험도 모두 떠안는 사람

여러분은 적극적인 사람인가요? 여러분의 아이디어를 실현할 준비가 되어 있나요? 그렇다면 기업가 자질이 있는 거예요. 회사를 세우고 기업 활동을 관리하고 무엇보다 위험을 받아들일 준비가 되어 있어야 해요. 일이 잘되면 이익을 얻을 수 있지만 일이 잘 풀리지 않으면 모든 것을 잃게 되죠.

기업가는 아이디어를 가지고 회사를 세우는 창업자일 뿐만 아니라 기업 활동을 하고 관리하는 사람이기도 해요. 창업자의 아들딸이 계속 회사를 관리한다면 그들도 기업가예요. 예를 들어 볼게요. 한 남자가 신발 회사를 세웠어요. 그는 특정 신발에 대한 아이디어를 처음 생각해 내고는 그 신발을 디자인했어요. 그리고 시제품을 제작하여 고객에게 선보인 다음 창고를 빌리고 노동자를 고용하고 기계를 샀어요. 그러므로 그는 창업자이자 기업가예요.

그에게는 아들이 둘 있어요. 첫째 아들은 신발을 좋아하고 둘째 아들은 음악을 좋아했죠. 첫째 아들은 회사에 들어가 아버지를 돕고 둘째 아들은 음악

선생님이 될 거예요. 둘째 아들도 회사의 절반을 물려받겠지만 기업가는 아니에요. 회사에서 어떤 일도 하지 않으니까요. 매년 이익이 생기면 둘째 아들도 그 일부를 받을 거예요. 형과 함께 회사와 관련된 결정을 할 수도 있겠죠. 그사이 회사가 성장해서 큰아들은 관리자를 뽑아 자신의 일을 넘겨주기로 했어요. 그래

도 기업가 아들은 여전히 사장이에요.

마지막으로, 회사를 물려받은 형제에게 각각 두 명의 자식이 있고 그중 누구도 회사에 들어갈 생각이 없다고 가정해 봐요. 그들은 모두 주주가 되겠지만 누구도 기업가는 아닐 거예요.

관리자가 운영하는 회사에서 어떤 주주도 기업가가 아니라면 누가 사업상의 위험을 떠맡을까요? 바로 주주예요. 기업가든 주주든 모든 것을 잃을 위험은 똑같아요. 그러면 기업가와 주주를 구분해 주는 것은 뭘까요? 기업가는 회사를 직접 관리하거나 중요한 결정을 내리는 반면, 주주는 누가 회사를 관리할지 선택하고 연말에 배당금을 받아요(100쪽 참고).

루이사 스파그놀리의
'세상에 없는 것 상상하기'

누구일까요?
유명한 이탈리아 여성 기업가예요.
바치오 페루지나 초콜릿과
의류 매장 체인을 만들었어요.

언제, 어디서 살았나요?
1877년부터 1935년까지 이탈리아에서 살았어요.

왜 중요할까요?
1900년대 초 이탈리아에서는 여성이 꿈과 아이디어를 실현하기가 쉽지 않았어요. 기업가가 되기는 더더욱 쉽지 않았고요! 그러나 루이사 스파그놀리는 오늘날까지도 수많은 돈을 벌어들이는 제국을 만들었어요.

1907년에 루이사 스파그놀리는 몇몇 사람과 함께 페루지나 회사를 설립했어요. 이후 제1차 세계 대전이 일어나면서 모든 남성이 군대에 가자 스파그놀리가 회사를 경영하게 되었어요. 그녀는 뛰어난 사업가였어요. 자원이 부족한 전쟁 중에도 제품을 만들 수 있었지요. 예를 들어 당시에는 설탕이 매우 비쌌기 때문에 설탕을 거의 사용하지 않고 초콜릿을 만들었어요. 그 덕분에 고급 제품이었던 초콜릿을 모든 사람이 먹을 수 있게 되었어요. 부스러기 호두를 넣은 초콜릿도 스파그놀리의 아이디어였어요.

스파그놀리는 자신의 이름을 붙인 의류 공장을
세웠고 패션 분야에서도 성공했어요. 뛰어난
사업 감각과 관리 능력으로 역사에 한 획을 그은
여성 기업가였어요!

"아직 세상에 없는 것을 상상하는 능력,
그것이 차이를 만들어요."

공장, 혁명이 일어난 곳!

친구들과 아이스크림 가게에서 아이스크림을 사 먹곤 하죠? 아이스크림 가게에는 아이스크림 기계, 냉장고, 믹서, 아이스크림 통, 진열대, 계산대, 점원 등이 필요해요. 그리고 재료도 필요하고 전기·가스·수도 요금도 지불해야 하죠. 그러면 슈퍼마켓에서 파는 아이스크림은 어떨까요? 슈퍼마켓에서 파는 아이스크림은 아이스크림 '공장'에서 만들어져요. 아이스크림 공장은 1700년에 영국인이 세웠어요.

공장 안에서 기계와 에너지를 사용해 원자재(우유, 과일 등)를 완제품(아이스크림)으로 바꿔요. 공장에서는 거의 모든 것이 미리 계획되고 작업이 반복돼요. 공장에서 사람들이 무엇을 해야 하는지 매우 분명하게 정해져 있죠. 수

많은 기계와 장비가 생산을 도맡고, 사람들은 기계와 장비가 잘 돌아가는지 확인해요. 오늘날 기계는 서로 직접 '대화하고', 사람은 기계가 '서로 말을 잘 알아듣고' 모든 일이 잘 돌아가도록 감독만 하죠. 이런 기술 발전을 자동화라고 해요.

공장, 혁명의 시작

공장의 탄생은 그야말로 혁명이었어요. 공장에서 바로 '산업 혁명'이 일어났어요. 1700년대 말 영국에서 증기 기관이 도입되며 제1차 산업 혁명이 시작되었어요. 더 빠르고 저렴한 생산이 가능해졌지요. 1800년대 말에는 제2차 산업 혁명으로 전기 에너지, 내연 기관, 석유를 활용한 대량 생산 시대가 열렸어요. 1900년대 말의 제3차 산업 혁명은 정보 과학이 이끌었어요. 그리고 생산이 자동화되고 기계가 인터넷을 통해 서로 연결되는 제4차 산업 혁명은 이미 시작되었어요. 제4차 산업 혁명은 '인더스트리 4.0'(독일 정부와 기업이 추진하는 경쟁력 강화 프로젝트예요-옮긴이)의 토대예요.

전문성을 갖춘 리더, 관리자

앞에서 신발 공장을 하다가 공장이 커지면서 관리자를 고용했던 형제 이야기를 했죠. 기억하나요? 이제 관리자가 뭔지 알아볼게요. 관리자는 주주(회사를 소유한 사람)를 대신하여 회사를 운영하는 사람이에요. 기업가가 관리자도 될 수 있을까요? 될 수 있어요. 주주가 회사 경영에서 중요한 역할을 하는 것처럼 기업가도 경영을 하면서 관리자가 될 수 있어요. 그러나 많은 관리자가 자신이 일하는 회사의 주주가 아니에요. 그런데 어떻게 관리자가 될까요? 전문성 덕분이에요. 다시 말해 자기 분야에 대한 전문적인 능력 없이는 관리자가 되지 못해요. 전문성은 대학교만이 아니라 회사에서도 배울 수 있어요. 경력을 쌓기 시작하면 어떤 관리자가 되고 싶은지 선택해야 해요. 사람 만나는 것을 좋아하나요? 영업 관리자가 되면 좋겠네요. 창의성과 의사소통을 좋아하나요? 마케팅 관리자가 되면 좋을 거예요. 기계나 컴퓨터를 좋아하나요? 생산 관리자나 기획 관리자가 적성에 맞을 것 같아요. 숫자를 좋아하고 경제 뉴스에 관심이 많다고요? 재무 관리자가 될 수 있겠네요.

어느 순간이 되면 관리자의 업무는 점차 다른 사람들을 관리하는 일로 바뀌게 돼요. 예를 들어 팀장은 팀원들에게 명확한 목표를 제시하고 실수한 이유를 알려 주고 다시는 실수하지 않는 방법을 설명해야 해요. 그러려면 팀원들에 대해 알아야 하죠. 그 외에 자신의 팀이 프로젝트 기한을 지키고 정해진 자금만 쓰도록 설득해야 해요. 모든 팀장에게 이런 능력이 필요해요. 부서장이나 사장도 관리자이지만 팀장과는 상당히 다른 일을 해요. 마치 직업이 달라진 것처럼 말이죠. 큰 조직의 책임자는 사람들과 그들의 목표를 관리해요. 관리 기술은 별로 필요 없지만 아주 특별한 일이죠. 관리자보다는 리더의 일이에요.

마리사 벨리사리오의 '남녀 평등 경영'

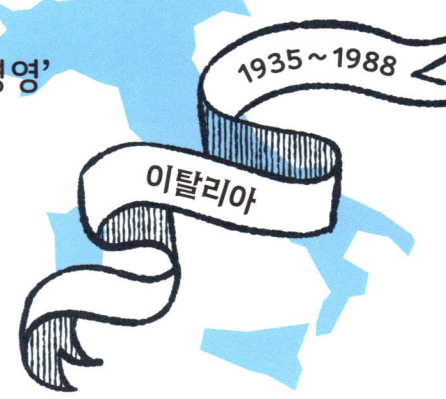

1935~1988
이탈리아

누구일까요?
마리사 벨리사리오는 이탈리아 최초의 여성 경영자예요.

언제, 어디서 살았나요?
1935년에 태어나 이탈리아와 미국에서 살았어요.

왜 중요할까요?
지금은 이상하게 들리겠지만 1950년대에는 여성 경영자가 거의 없었어요. 회사의 사장은 남성들뿐이었죠. 마리사 벨리사리오는 뛰어난 결단력, 업무 능력, 의지력으로 여성도 경영 기술을 배울 수 있음을 보여 주었고, 미국 올리베티(컴퓨터, 태블릿 컴퓨터, 스마트폰, 프린터 등을 생산하는 이탈리아 기업 - 옮긴이)의 사장을 거쳐 이탈텔(이탈리아 통신업체 - 옮긴이)의 최고 경영자가 되었어요. 끊임없는 도전과 직관력으로 1986년에는 '올해의 경영자상'을 받았어요. 그러나 벨리사리오의 '임무'는 기업에서 최고 직위에 오르는 데서 끝나지 않았어요. 벨리사리오는 남녀 평등을 위한 국가 위원회에 참여하여 여성이 직장에서 남성과 똑같이 일할 수 있도록 다양한 정책을 시행했어요.

"여성이 경력을 쌓기가 더 어렵지만 더 흥미로워요."

전략 – 다른 제품과 다르게 만드는 것!

친구와 거래(예를 들어 비디오 게임이나 만화 등을 서로 바꾸는 거예요)를 하려면 전략이 필요해요. 예를 들어 물건을 교환할 사람과 시간을 선택해야 하죠. 경쟁이 있기 때문에 거래를 잘해야 해요. 회사에서도 마찬가지예요. 전략은 선택이고 그 선택이 합쳐져서 다른 회사와의 차이점이 생기는 거예요. '전략을 세운다는 것'은 게임을 시작하기 전에 성공에 필요한 요소를 파악하는 거예요. 시장, 소비자, 경쟁 회사를 연구하고, 공급업체와 대화하고, 회사에 적합한 사람을 찾고, 그들에게 무엇을 언제 어떻게 해야 하는지 설명해야 하죠.

미국의 경제학자 마이클 포터는 '전략'이란 무엇을 해야 할지, 무엇을 하지 말아야 할지를 정하는 거라고 했어요. 예를 들어 볼게요. 여러분이 아이스크림 가게를 하고 싶다고 해 봐요. 어떤 제품을 만들고 싶나요? 다른 아이스크림 가게와 비교하여 얼마를 받을 건가요? 전통적인 방법으로 아이스크림을 만들 건가요, 아니면 요즘 유행하는 방법으로 만들 건가요? 낮에만 가게 문을 열 건가요, 아니면 저녁에도 문을 열 건가요? 가게에 테이블을 놓을 건가요, 아니면 진열대에서만 팔 건가요? 아이스크림 재료를 누구에게서 살 건가요? 다른 아이스크림 가게에도 재료를 공급하는 대규모 생산자에게서 구매할 건가

빨간색 페라리

아우디, 메르세데스 벤츠, BMW 중에 최고의 자동차는 뭘까요? 대답하기 어렵네요. 자동차 회사의 전략은 비슷할 거예요. 그럼 페라리는 어떨까요? 성능이든 디자인이든 눈을 뗄 수 없는 자동차예요. 그렇다면 페라리 설립자인 엔초 페라리는 더 나은 자동차를 만들겠다는 생각을 했을까요, 아니면 기존 자동차와 다르게 만들겠다는 생각을 했을까요? "아이에게 종이 한 장과 색연필을 주고 자동차를 그려 보라고 하면 아이는 분명 빨간색 자동차를 그릴 겁니다." 엔초 페라리가 말했어요. 여기에 전략이 들어 있어요. 그리고 페라리 신화도 들어 있죠!

요, 아니면 가격이 좀 더 비싸더라도 주위의 좋은 공급업체로부터 구매할 건가요? 이렇듯 **전략은 매우 구체적이랍니다**(시간표, 가격, 직원 등).

전략을 결정할 때는 항상 경쟁자를 생각해야 해요.

전략의 목적은? '더 나은 제품을 만들기 위해'가 가장 확실한 대답이에요. 그러나 마이클 포터는 '다른 제품을 만들기 위해'라고 말해요. 자신의 제품을 다르게 만들거나 다르게 보이도록 하는 것이 승리의 법칙이에요.

마이클 포터의 '5세력 모형'

누구일까요?
미국의 교수이자 컨설턴트예요. 기업 전략의 창시자이고 많은 혁신적인 전략으로 유명해요.

언제, 어디서 살았나요?
1947년에 태어나 미국에서 살고 있어요.

왜 중요할까요?
마이클 포터는 기업이 어떻게 경쟁 우위를 가질 수 있는지, 즉 어떻게 하면 다른 기업과 차별화되는 요소를 만들 수 있는지를 연구했어요. 특히 기업이 자신의 분야를 분석하고 자신이 경쟁할 위치를 결정할 수 있도록 '5세력 모형'을 만들었어요. 제대로 관리하지 않으면 장기적으로 회사에 피해를 주는 요소도 구별해 냈지요. 5세력은 경쟁자(동일한 유형의 제품을 제공하는 사람), 공급자(기업에 원자재를 판매하는 사람), 고객, 신규 진입자(해당 분야에서 자신의 공간을 찾을 수 있는 사람), 대체 상품(동일한 방식으로 소비자의 욕구를 충족시키는 유사한 상품)의 생산자로 구성돼요. 훌륭한 기업가는 이런 모든 세력에 맞서고 회사와 고객에게 탁월한 가치를 창출해 주는 독특한 경쟁 전략을 만들어야 해요.

"전략을 갖는다는 건 경쟁에서 벗어나 더 나은 행동을 하는 것이 아니라 다른 사람과는 다른 행동을 하는 것입니다."

일자리를 주는 사람, 고용주

여러분이 어른이 되어서 가게를 열고 직원을 고용하면 기업가뿐만 아니라 고용주도 되는 거예요. 모든 직업적 관계에는 양쪽 당사자가 있어요. 한쪽은 일자리를 제공하는 사람이고 다른 한쪽은 일자리를 받아들여 다른 사람의 이익을 위해 일하는 사람이에요.

고용주는 다른 사람에게 일을 주는 사람이에요. 개인, 조직, 회사, 공공 기관, 민간 협회 등이 고용주가 될 수 있죠. 고용주는 사람들이 어떤 일을 할지 계획하고 그들에게 급여(68쪽 참고)를 지급해요.

모든 고용주가 기업가인 것은 아니에요. 예를 들어 간호사를 고용하는 병원도 고용주이지만 기업가는 아니거든요.

그러나 거의 모든 기업가는 고용주이기도 해요. 기업에서 기업가 한 명만 일하는 경우보다는 그렇지 않은 경우가 많기 때문이에요.

고용 관계는 계약으로 정해지고 계약에는 끝나는 날이 있어요(토마토 따는 기간에 사람들을 고용했다가 토마토 수확이 끝나면 계약을 끝내는 것을 생각해 봐요. 혹은 계약이 끝나는 날이 없을 수도 있어요. 이 경우 계약은 무기한, 즉 영원히 계속되죠).

노동자는 노동조합을 만들어서 지원을 받아요.

고용주도 회사의 이익을 보호하는 각종 기업인 단체에 속해 있어요.

그러나 이미 말했듯이 고용주는 개인일 수도 있어요. 여러분 집에 집안일을 도와주는 사람이 있다면 여러분의 부모님이 그 사람의 고용주인 거예요.

어떤 사람이 직업을 갖고(근로자예요) 다른 사람에게 일을 제공하는(이때는 고용주이기도 하죠) 경우도 있어요.

노동자의 단결, 노동조합

1800년대 영국에서 노동자들이 뜻을 이루려면 어떤 방법을 써야 했을까요? 수천 명의 노동자가 서로 단결해야 했어요. 한 명의 노동자는 고용주 앞에서 아무런 힘도 없었어요. 반면 전체 '노동자'가 한목소리로 말한다면 고용주는 듣지 않을 수 없었죠. 한꺼번에 수많은 노동자가 일을 멈춰 버리면 어찌할 방법이 없으니까요. 그래서 19세기가 시작되고 처음 20년 동안 영국에서, 그다음에는 유럽 전역에서 노동조합이 생겼어요.

노동조합은 근로 조건 개선을 목표로 생산 분야의 노동자들(섬유 노동자, 인쇄업자, 광부)을 단결시키는 자발적인 민간 조직이었어요. 노조, 즉 노동조합의 두 번째 목표는 조합원들로부터 조합비를 걷어 질병이나 부상으로 일할 수 없는 조합원을 돕는 것이었어요. 다행히도 오늘날에는 국가가 의료 보험을 제공하고 있어요.

1900년대에 노동조합은 엄청나게 발전했으며 헌법과 법의 인정과 보호를 받게 되었어요. 노동조합은 단결권, 단체 교섭권, 단체 행동권을 가져요. 단체 교섭은 특정 분야(예를 들어 학교, 화학 분야 등)의 고용주와 근로자가 정기적으로 만나서 근로 조건(임금, 근로 시간, 복지, 교육 등)을 협의하는 과정이에요. 협의란 정부나 국회가 새로운 법률을 만들기 전에 '사회적 파트너'(노조와 고용주)의 의견을 듣고 모든 당사자의 이익을 법률에 포함시키는 거예요.

단체 교섭이 성립하지 않으면 노동자들은 고용주와 정부로부터 더 많은 것을 얻기 위해 단체 행동에 나서요. 그중 가장 강력한 것은 파업이에요. 파업은 노동자들이 일을 하지 않는 거죠. 예전에는 파업이 엄격하게 금지되어 있었어요.

인적 자원 – 업무 능력과 리더십 능력이 필요해요

팀에 누구를 포함시킬지 결정하는 것은 '인적 자원'을 선택하는 거예요. 인적 자원이 뭘까요?

  기업에는 직원이 필요해요. 직원을 채용하고 급여를 정하고 교육을 시키고 승진을 결정하고 해고를 하는 것을 '인사'라고 불러요. 한자로 '사람 인(人)' 자와 '일 사(事)' 자를 합친 말이죠.

> **사람을 관리해요**
> 기업에서 인적 자원, 즉 사람을 관리하는 것은 점점 더 전략적인 활동이 되었어요. 패스트푸드점을 생각해 보세요. 기본적으로는 햄버거의 품질과 가격이 고객의 마음에 들어야겠죠. 하지만 계산대에서 일하는 사람과 테이블을 치우는 사람도 중요하지 않나요? 인적 자원이 자신의 업무에 만족하고 좋은 교육을 받았다면, 즉 자기 팀의 책임자가 관심과 능력을 가지고 돌봐 준다면 손님에게 친절하게 자기 일을 잘할 거예요. 팀을 맡아 관리하고 싶은 마음이 드나요?

직원은 기업의 '인적 자원'이에요. 사람의 노동력을 다른 자원과 똑같은 생산 자원으로 보고 인적 자원이라고 부르는 거예요.

그렇다면 사람들은 어떻게 회사에 들어가고 어떻게 성장할까요?

직원에게는 업무 능력과 리더십 능력이 필요해요.

특정 작업을 하려면 업무 능력이 필요하죠. 예를 들어 금융 분야에서 일하고 싶다면 숫자에 익숙해야 하고, 대차 대조표(기업의 재정 상태를 한눈에 파악할 수 있게 표로 그린 것 – 옮긴이)를 분석하거나 투자 수익을 계산하는 방법을 알아야 해요. 영업 분야에서 일하고 싶다면 가격 정책이나 판촉 계획을 관리하는 방법을 알아야 하죠. 생산 분야에서 일하고 싶다면 기계, 유지 관리 프로그램, 작업 조직 등을 관리할 줄 알아야 해요.

반면 리더십 능력은 어떤 일을 하는지와 관계없이 모든 인적 자원에게 필요해요. 그중 가장 중요한 리더십 능력은 문제 해결 능력, 의사소통 능력, 함께 일할 수 있는 능력, 다른 직원을 관리하고 팀을 이끄는 능력이에요.

아드리아노 올리베티의 '직원 복지 최우선'

1901~1960 이탈리아

누구일까요?
이탈리아의 기업가, 엔지니어, 정치인이에요.

언제, 어디서 살았나요?
1901년부터 1960년까지 주로 이탈리아에서 살았어요.

왜 중요할까요?
아드리아노 올리베티는 앞서 나간 기업가일 뿐만 아니라 지역 사회에까지 혁신을 전파한 선구자였어요. 1909년에 그의 아버지는 이브레아에 이탈리아 최초의 타자기 회사를 설립했어요. 그곳에서 아드리아노 올리베티는 노동자로 일을 시작했지요. 그러면서 그는 노동 계급에 깊은 관심을 갖게 되었어요. 1938년에 공장 사장이 되고 나서는 노동 조건 개선에 힘쓰게 되었고요. 올리베티는 많은 기술 혁신을 이루었지만 회사의 진정한 강점은 직원들이라고 생각했어요. 회사의 목표는 이윤 창출만이 아니라고도 생각했고요. 회사는 근로자의 사회적·문화적·인간적 발전도 도와야 한다고 생각했죠. 올리베티의 꿈은 공정하고 건강하며 행복한 사회를 만드는 것이었어요. 그래서 그는 직원들을 위해 집, 병원, 직원 식당, 도서관, 유치원 등을 만들었어요. 이를 통해 직원의 복지를 더욱 확산시켰고, 결과적으로 업무의 질도 향상되었어요.

"꿈을 갖고 일을 시작하지 않으면 꿈은 꿈으로 끝납니다."

급여는 일하고 받는 노동의 대가

부모님에게 용돈을 올려 달라고 말한 적이 있나요? 용돈은 여러분의 급여예요. 급여란 회사 직원(여러분)이 매월 고용주(어머니와 아버지)에게서 지난달에 한 일(공부, 집안일, 심부름)의 대가로 받는 돈이에요.

고전학파 경제 이론에 따르면 급여는 노동 수요와 공급에 의해 결정돼요. 그래서 1700년대에 최초의 영국 경제학자들은 노조와 기업을 성가신 간섭으로 여겼죠. 하지만 역사를 보면 노동조합은 더 나은 근로 조건을 확보하고, 노동자의 권리를 보호하며, 급여 인상에 매우 중요한 역할을 해 왔어요.

원래 월급은 사무직의 보수로서 한 달을 단위로 지급된 반면, 임금은 농부와 근로자의 급여로서 일한 시간에 따라 지급되었어요. 오늘날 이런 구분은 거의 쓸모가 없어요. 영어의 샐러리[salary, 로마 제국에서는 소금을 급여로 지불했고 라틴어로 소금은 살(sal)이었어요]라는 단어는 월급과 임금을 모두 의미해요.

오늘날 많은 직원이 기본급과 상여금(보너스라고도 해요)을 받아요. 상여금은 노동자가 연초에 합의한 목표를 달성한 경우 연말에 회사가 지급하는 거예요.

매월 회사는 노동 비용을 지출해요. 노동 비용은 직원을 고용하면 발생하는 전체 비용을 뜻합니다. 직원에게 직접 지급하는 정식 급여뿐만 아니라 관련 노무비도 포함돼요. 국가가 법으로 정해 둔 노동 비용에는 국민연금, 건강 보험, 고용 보험, 산재 보험, 재해 보상비 등이 포함되고요. 이렇게 국가가 끼어들면서 고용주가 근로자에게 지급하는 금액과 근로자가 실제로 받는 금액 간에 차이가 생겨요. 이런 차이는 조세 격차라고 불리죠.

우리가 생각해 봐야 할 또 다른 차이가 있어요. 바로 실질 급여와 명목 급여예요. 인플레이션이 구매력에 영향을 미치면 급여 차이가 생겨요(70쪽 참고). 명목 급여는 변하지 않아요. 하지만 실질 급여는 물가가 상승하면(즉 인플레이션이 발생하면) 감소하고(구매력도 함께 감소해요) 물가가 내려가면 증가해요.

돈의 가치는 항상 똑같지 않아요

여러분의 용돈으로 얼마나 많은 물건을 살 수 있을까요? 이게 바로 구매력이에요. 용돈은 여러분의 '수입'이고 용돈으로 구입할 수 있는 제품이나 서비스의 양은 여러분의 구매력이에요. 소득(용돈)이 그대로일 때 물가가 오르면 구매력은 떨어지지만 물가가 떨어지면 구매력은 올라가요.

실제로 화폐 가치에 영향을 미치는 것은 누구일까요? 돈을 찍어 내는 중앙은행이에요. 중앙은행이 너무 많은 돈을 찍어 내면 물가가 오르고 구매력이 떨어져요. 물가가 오르는 만큼 소득이 늘어나면 구매력은 이전과 같을 거예요.

반대로, 경제 위기 등으로 돈이 시중에서 사라지면 수요가 감소하고 물가가 떨어져요. 사람들은 이전보다 적은 돈으로 동일한 수량의 제품을 구매할 수 있게 되죠. 소득이 줄어도 구매력은 이전과 같은 거예요.

예전에는 물가가 오르면 급여도 같이 올라서 한 가족의 구매력은 별로 영향을 받지 않았어요. 그러다가 임금 인상이 물가를 상승시키고 화폐 구매력을 떨어뜨리는 악순환을 불러온다는 사실이 드러났어요. 소득과 물가와 구매력 사이의 민감한 관계를 이해하려면 더욱 많은 설명이 필요해요. 게다가 경제학자마다 의견이 다르기 때문에 책 한 권으로도 모두 설명할 수가 없어요.

작년 다르고 올해 달라요

물가가 오르면 인플레이션, 물가가 떨어지면 디플레이션이라고 해요. 따라서 디플레이션이 발생하면 구매력이 증가하고 인플레이션이 발생하면 구매력이 감소해요. 극장비가 해마다 1,000원씩 오른다고 상상해 봐요. 작년까지는 1만 원으로 영화 티켓과 팝콘 한 봉지를 살 수 있었어요. 하지만 올해는 더 이상 팝콘을 살 수 없어요. 구매력이 감소한 것은 용돈이 줄어서가 아니라 물가가 올랐기 때문이에요.

기업의 작은 조각들, 주식

형제자매나 친구와 함께 뭔가를 사는 경우가 있어요. 종종 같은 곳에 '투자'하지만 겉으로 드러나지 않아요. 주식회사가 그래요. 주식회사는 주식, 즉 '작은 조각들'로 나뉘어 있는 기업이에요. 주식을 사는 사람은 누구든지 회사의 소유자가 돼요. 주식의 가치는 고정되어 있지 않고 회사의 성과에 따라 달라져요. 회사가 아주 잘되면 주식 가치는 올라가요. 이때 주주(주식을 소유한 사람)가 주식을 판다면 원래 투자한 것보다 더 많은 돈을 벌게 되죠. 반면

> **아마존의 성장**
> 주식에 투자하려면 시장에 대한 지식뿐만 아니라 예측도 중요해요. 아마존이 그래요. 아마존은 1994년 제프 베저스가 설립했어요. 1997년에 아마존 주식은 한 주당 약 1.40달러였어요. 2018년에는 한 주당 1,400달러가 넘었지요. 1997년에 아마존 주식을 1만 달러어치 사서 2018년에 팔았다면 거의 1,000만 달러를 벌었을 거예요.

회사의 실적이 좋지 않으면 주식 가치가 떨어질 거예요. 법적으로 여러 형태의 회사가 있고 그중 일반적인 것은 주식회사예요. 주식회사는 주식을 발행해서 자본을 모아요. 예를 들어 볼게요. 어떤 주식회사가 10만 원짜리 주식 10주를 발행해서 한 주주가 세 주를, 또 다른 주주가 일곱 주를 매입해요. 첫 번째 주주는 30만 원을 내고 두 번째 주주는 70만 원을 내서 총 100만 원이 모여요. 첫 번째 주주는 주식 자본의 30퍼센트를 가진 소주주가 되고, 두 번째 주주는 70퍼센트를 가진 대주주가 돼요.

주식은 위험 자본에 속해요. 주주는 회사로부터 자신의 투자금을 돌려받을 권리가 없기 때문이에요. 주주는 배당금(회사의 이익을 나눠 주는 것, 100쪽 참고)을 받아요. 물론 언제든 자신의 주식을 다른 사람에게 팔 수 있어요. 그러나 주주가 주식을 팔려고 해도 증권 거래소에 상장되지 않은 회사의 경우 구매자를 찾지 못할 수도 있어요. 판매 가격은 구매 가격보다 높을 수도, 낮을 수도 있고요. 회사가 파산할 경우에는 투자금을 전액 잃을 수도 있어요.

주식은 모두 똑같지 않아요. 무엇보다 주주에게 보장된 권리에 따라 구별돼요. 보통주의 주주에게는 의결권(주주 총회 등에서 투표할 수 있는 권리), 이익 배당 청구권 등의 권리가 주어져요.

우선주의 주주는 보통주의 주주보다 많은 배당금을 받고 회사가 해산할 경우 남은 재산의 분배 등에서 우선권을 가져요. 대신 우선주는 주주 총회의 의결권이 제한되어 있어요.

증권 거래소에 상장된 회사의 모든 주식의 총가치를 시가 총액이라고 해요.

증권 거래소에서 주식과 채권을 사고팔아요

친구가 여러분에게 1만 원을 빌려주고, 여러분은 친구에게 1년 안에 돈을 갚겠다는 약속을 해요. 그리고 그 약속을 종이에 적어 친구에게 준다면 그게 바로 채무 증권이에요. 친구는 채무 증권을 주식 시장에 팔 수도 있어요. 증권 거래소는 실제 상품이 아닌 '종잇조각'(채권, 주식 등)이 거래되는 대규모 시장이에요. 이와 같은 채무 증권은 전 세계의 증권 거래소에서 매일 거래돼요. 여러분이 친구 세 명과 함께 회사를 설립했다고 상상해 봐요. 네 명이 각각 25퍼센트씩 투자했어요. 여러분은 회사의 지분을 25퍼센트 갖게 되죠. 이제 증권 거래소에서 자신의 지분을 일부 또는 전부 팔 수 있어요.

최초의 증권 거래소는 1500년에 네덜란드와 프랑스에서 탄생했어요. 기

업이 새 공장이나 신제품에 투자할 자본을 모을 수 있도록 말이죠. 증권 거래소에서 채무 증권(채권)이나 주식을 거래해서 자본을 회사에 유입시킬 수 있어요.

  아이디어는 있지만 돈이 없는 기업가는 은행 대신 증권 거래소에서 자본을 모을 수 있었어요. 이것이 바로 증권 거래소의 사회적 기능이었어요. 이후 주식 시장은 많이 변했어요. 이제 사람들은 새로운 투자 자금을 모으기보다는 돈을 벌기 위해 유가 증권(채권, 주식 등)을 사고팔아요. 자신이 구입한 가격보다 비싼 가격에 증권을 판매하여 수익을 얻는 거죠. 이 때문에 종종 주식 시장에서 게임을 한다는 말이 나와요. 투자가 아니라 게임을 한다면 반드시 이기거나 지게 되어 있죠.

상장 – 회사 주식을 증권 거래소에 등록해요

여러분이 친구와 함께 돈을 모아 '공동'으로 물건(예를 들어 스노보드)을 샀다고 해 봐요. 그런데 이제 여러분은 혼자 그 물건을 갖고 싶어요. 그러면 친구와 가격을 협상해야 해요. 그런데 여러분의 회사가 증권 거래소에 상장되어 있다면 누구나 마우스를 클릭해서 해당 주식을 살 수 있어요.

회사의 가치는 증권 거래소에서 거래를 통해 결정돼요. 민간 기업의 주식이 거래를 위해 증권 거래소에 등록되는 것을 '상장'이라고 불러요.

일부 회사는 100퍼센트 상장되어 있고 일부 회사는 부분 상장되어 있어요. 증권 거래소에서 항상 매매되고 있는 주식을 부동주(유동주)라고 해요. 반면 안정된 투자자가 장기간 보유하는 주식은 안정주라고 불러요.

증권 거래소에 상장되는 주식은 새로운 주식(유상 증자나 무상 증자의 경우)일 수도 있고, 기존 주주의 주식(이 경우 회사의 자본은 증가하지 않고 주식의 소유자만 바뀌어요)일 수도 있어요.

상장 과정에는 많은 행위자가 개입해요. 우선 증권 거래소가 있어요. 증권

거래소에는 나름의 규칙과 권한이 있어요. 그다음에 상장을 준비하는 수많은 기업 전문가, 법률 전문가, 세금 전문가 등이 있어요. 그리고 시장에 주식을 내놓고 상장이 성공하도록 돕는 전문 은행이 있고요.

상장되는 주식의 가격(주가)은 사람들이 사고자 하는 주식의 양과 실제로 존재하는 주식의 양이 만나는 지점에서 결정돼요. 예를 들면 사람들이 자신의 소득, 은행 금리, 경제 전망 등을 바탕으로 한 주당 1만 원에 사고자 하는 주식의 수가 상장 당시 주식의 총량과 같다면 1만 원이 주가가 되는 거예요.

하지만 상장하고 불과 몇 분 만에 시장의 자유로운 평가에 따라 주가가 바뀔 수 있어요.

그때부터 회사의 가치가 얼마인지, 회사의 전략과 경영에 대해 시장이 어떤 판단을 하는지 알게 돼요. 게다가 상장 기업은 다른 기업보다 더 엄격한 통제를 받게 되죠.

기업은 왜 상장할까요?
가장 흔한 이유는 신규 투자를 위한 자본이 필요하기 때문이에요. 또 다른 이유는 한 명 이상의 주주가 주식 시장에 자신의 주식을 팔고 싶어 하기 때문이에요. 주주들이 회사가 투명하게 경영되고 증권 거래소의 통제를 받기 바라는 경우에도 회사는 상장을 하게 됩니다.

채권 – 회사에 돈을 빌려줘요

여러분이 돈을 많이 저축했고 이제는 어딘가에 투자하고 싶다고 해 봐요. 여러분은 친구에게 돈을 빌려주고 일정 비율의 이자를 더해 돌려받기로 했어요. 채권을 발행한 거예요. 채권은 회사가 시장에서 다른 사람의 자본을 빌리는 주요 방법이에요. 채권에 투자하면 채권자가 돼요. 여러분은 사업상의 위험을 떠안지 않았고 여러분의 돈은 위험 자산이 아니에요. 친구가 파산해도 어떻게든 돈을 돌려받을 수 있을 거라고 기대하죠.

    회사 채권(회사채)을 사는 사람은 특정 날짜까지 원금과 이자(고정 금리나 변동 금리)를 돌려받기로 회사와 계약을 맺는 거예요. 주식에 10만 원을 투자하고 1년 후에 이를 판다고 가정해 봐요(주식을 파는 시기나 회사의 성과에 따라 배당금을 받을 수도, 받지 못할 수도 있어요). 주식을 20만 원에 팔 수도, 10원에 팔 수도 있어요. 반면 같은 회사의 채권에 10만 원을 투자하면 합의된 기간이 끝

났을 때 10만 원과 이자를 돌려받아요. 주식처럼 채권도 원래 가치보다 높거나 낮은 가격에 증권 거래소에서 판매할 수 있어요. 예를 들어 볼게요.

  디젤 엔진을 생산하는 회사가 10퍼센트의 이자율로 10년 만기 채권을 10만 원어치 발행했어요. 그런데 2년째 되는 해에 정부가 5년 안에 디젤 엔진 사용을 금지할 거라고 발표했어요. 그러면 채권의 시장 가치는 10만 원 아래로 떨어질 수 있어요. 물론 채권자는 10만 원에 이자를 더해 돈을 돌려받을 권리를 계속 갖고 있지요. 하지만 이후 정부 정책으로 회사가 재정적 어려움을 겪을 것이 분명하기 때문에 회사에 대한 신뢰도는 떨어져요. 채권을 발행하고 10년이 지난 뒤에도 회사에 자금이 있다면 채권자는 10만 원과 이자를 받게 되지만 그동안 채권의 가격은 많이 바뀌었을 거예요. 모든 채권이 동일한 것은 아니에요. 일부 채권은 '후순위 채권'이에요. 회사에 재정적 어려움이 있는 경우 다른 채권을 갚은 후에만 돌려받을 수 있는 채권이죠. 이런 이유로 같은 회사의 채권이라도 시장에서 가격이 다를 수 있어요.

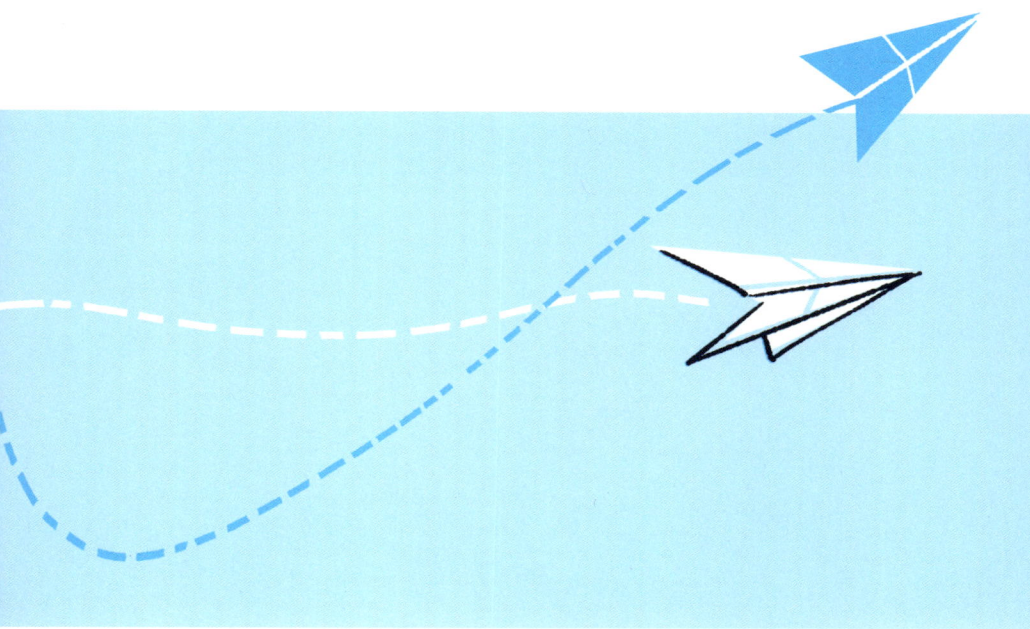

회사를 사거나 합치는 인수 합병

우리는 매일 커다란 기업들이 생산한 제품을 사용해요. 그 기업들은 어떻게 성장했을까요? 아마 열심히 일했을 거예요! 더 많은 제품을 판매하면서 새로운 제품을 출시하거나 새로운 시장에 진입하는 것은 유기적 성장이에요. 기업이 다른 기업을 인수하거나 새로운 기업으로 합병하는 것은 비유기적 성장이에요.

그런데 왜 한 회사가 다른 회사를 사려고 할까요? 종종 소규모 경쟁자를 제거하거나(반독점 당국이 허가하는 경우) 시장에 빨리 진입하기를 원하기 때문이에요(유럽 회사가 미국 시장에, 미국 회사가 유럽 시장에 진입하려는 경우).

자신의 회사에 없는 기술, 능력, 판매 채널, 브랜드를 안전하게 갖고 싶을 때 회사를 사기도 해요. 그 외에 다른 이유도 있어요. 바로 비용을 낮추는 거예요. 동일한 시장에서 경쟁하는 두 회사가 합병하면 원자재비, 직원의 급여, 에너지 비용 등을 모두 절감할 수 있어요.

이제 인수 합병이 어떻게 일어나는지 알아봐요. 한 회사가 더 이상 독자적으로 살아남지 못하는 회사를 사는 것이 인수예요. 반면 합병은 두 개 이상의 회사가 새로운 회사[뉴코(NewCO)라고 해요]로 바뀌는 거예요. 회사의 주식만 살 수도 있고 회사의 모든 재산을 사들일 수도 있어요(그러면 형식적으로만 살아 있던 회사가 '사라져요'). 마지막으로 회사 전체를 사거나 하나의 지점, 즉 사업의 일부만 구매할 수도 있어요.

> **스타트업, 혁신을 실험해요**
> 최근에는 거대 기업이 작은 기업(스타트업)을 인수하는 경우가 있어요. 작은 기업이 위협이 되거나 채널 또는 시장에 접근하도록 도와주기 때문은 아니에요. 일반적으로 대기업은 속도와 창의성이 떨어지기 때문에 작은 기업을 인수하여 혁신을 얻으려는 거죠. 실제로 실험과 혁신을 좋아하는 젊은이들이 스타트업을 창업하는 경우가 많아요.

수익 – 회사에 들어와야 할 돈

여러분의 방에 작업장을 만든다고 상상해 봐요. 스케이트보드를 장식하는 작업장이에요. 여러분은 여기에서 스케이트보드를 장식해 팔고 싶어요. 수익이 생기길 바라는 거죠. 이모는 여러분의 아이디어가 마음에 든다면서 '후원자'가 되어 작업대를 사 주었어요. 하지만 여러분에게는 스프레이, 접착제, 사포 등을 살 돈(비용)도 있어야 해요. 수익(매출액, 수입 이자 등)에서 비용을 빼면 이익이 돼요.

다양한 이유로 돈이 회사에 들어올 수 있어요. 국가가 보조금을 주거나 회사의 은행 계좌에 이자가 들어올 수 있지요. 그러나 주요 수익원은 제품 판매예요. 이렇게 제품 판매로 들어오는 돈을 매출액이라고 해요.

매출액은 판매자가 제품 판매로 벌어들이는 돈이에요. 따라서 매출액은 제품의 단가(물건 하나의 가격 – 옮긴이)에 판매 수량을 곱한 금액이에요. 여러분이 한 개당 8만 원의 가격으로 스케이트보드를 장식해 판다면 단위 수익(즉 가격)은 8만 원이고 보드 10개를 장식해 팔았을 때의 총수익은 80만 원이에요.

수익은 제품의 판매 수량에 따라 바뀌어요. 스케이트보드를 많이 팔수록 수익도 늘어나죠. 그러나 항상 그런 건 아니에요. 우리가 시청료를 지불하는 넷플릭스, 디즈니 플러스를 생각해 봐요. 플랫폼을 매일 이용하든, 전혀 이용하지 않든 간에 매월 정해진 시청료를 내야 해요. 이 기업들의 총수익은 고객 수(고객이 많을수록 수익이 커져요)에 따라 변하지만 고객에게 제공되는 서비스의 수량(개인의 시청 시간)은 변하지 않아요.

한편 기본 요금에 추가 요금(실제로 사용한 서비스나 제품에 따라 추가되는 비용이에요)이 붙는 혼합 형태도 있어요. 여러분이 테니스 클럽 회원이고 회비를 내야 한다고 상상해 봐요.

판매가 끝날 때까지

수익은 회사에 들어오는 돈, 즉 손익 계산서의 첫 번째 줄에 들어가는 항목이에요. 아니, 회사에 '들어오는'이 아니라 '들어와야 할' 돈이에요. 돈을 내지 않거나 늦게 내는 고객도 있기 때문이에요. 그래도 고객이 내야 하는 돈은 여전히 수익이에요. 다만 고객이 지불할 때까지는 외상이죠. 이런 이유 때문에 판매자는 현금을 모두 받아야만 판매가 끝난다고 말하곤 해요!

회비는 고정된 요금이에요. 그러나 테니스장을 예약하는 경우에는 몇 시간을 예약하느냐에 따라 추가 비용을 내야 하죠.

비용 – 제품 생산과 회사 운영에 드는 돈

회사에는 회계에 들어가는 돈과 나가는 돈이 있어요. 회계에 들어가는 돈은 수익이라고 하며 주로 판매로 벌어들여요. 회계에서 나가는 돈은 대부분 비용, 즉 회사의 운영과 제품 생산에 드는 돈이에요. 스케이트보드 작업장에서 쓰는 스프레이, 자동차 생산에 필요한 강철, 프린터에 들어가는 종이, 제품 포장을 위한 비닐, 고객에게 소포를 보내는 비용, 창고 직원의 월급까지 모두 비용이에요.

비용은 올해 발생한 지출이에요. 작업에 필요한 스프레이는 올해 사서 모두 쓰면 내년에는 사용할 수 없죠. 여러분을 도와줄 조수를 고용하면 내년에도 일을 하게 되고 급여를 지급해야겠죠. 비용이 드는 거예요.

그러면 비용과 투자의 차이점(94쪽 참고)은 뭘까요? 비용은 올해 회사가 돈을 지출하고 그에 따른 이익도 올해 들어오는 반면, 투자는 미래에도 경제적 이익을 창출해요. 작업장을 청소하라고 동생에게 돈을 준다면 그건 비용이에요. 오늘 돈을 주고 청소를 시키면 내일 다시 청소를 시키지 못하니까요(내일 청소를 시키려면 또 돈을 줘야 해요). 반면 로봇 청소기는 투자예요. 오늘 돈을 주고 사면 앞으로도 계속 로봇 청소기를 쓸 수 있으니까요.

회사에는 다양한 유형의 비용이 있어요. 우선 가변 비용과 고정 비용이 있어요. 가변 비용은 판매되는 제품 수에 따라 달라져요. 예를 들어 사탕을 포장하려면 비닐이 필요해요. 비닐 비용은 가변 비용이죠. 사탕이 많이 팔릴수록 더 많은 비닐이 쓰이기 때문이에요. 반면 사탕 회사 직원들의 급여는 고정 비용이에요. 사탕 판매에 따라 금액이 변하지 않거든요.

회사의 비용은 유형별로도 구분돼요. 예를 들어 인건비(즉 급여), 재료비(보통 원재료 비용과 포장재 비용으로 구분), 물류비(운송과 창고 비용), 에너지 비용, 기계 비용, 사무실과 공장의 일반 비용, 판매와 마케팅 비용(할인, 광고 등)이 있어요.

각각의 제품이 수익을 얼마나 창출하는지 이해하고 비용을 줄이려면 항목별로 지출하는 금액을 정확히 알아야 해요.

비용

이익 – 수익에서 비용을 빼고 남는 돈

이익은 회사에서 가장 많이 사용되는 단어일 거예요. 이익은 수익과 비용의 차이예요. 회사가 1년간 자전거 1,000대를 한 대당 20만 원에 판다면 매출액은 2억 원이 돼요. 총비용이 1억 7,000만 원이라면 이익은 3,000만 원이에요.

그러면 무엇이 회사의 이익에 영향을 줄까요? 위대한 기업 전략가인 마이클 포터는 해당 기업이 어떤 분야(보통 의약품보다 아이스크림이 이익이 적어요)에 속하는지, 사업을 얼마나 잘하는지에 따라 회사의 이익이 달라진다고 했어요(모든 제약 회사가 똑같은 이익을 얻는 것은 아니고, 아주 좋은 아이스크림 회사가 형편없는 제약 회사보다 더 많은 수익을 올리기도 해요).

그런데 왜 의약품이 아이스크림보다 더 많은 이익을 낼까요? 포터는 그 이유를 다섯 가지로 설명해요. 해당 분야의 경쟁(세상에는 제약 회사보다 아이스크림 회사가 더 많아요), 대체 제품의 존재(기관지염이 있으면 반드시 항생제를 복용해야 하지만 아이스크림이 없으면 크레이프를 먹어도 돼요), 새로운 생산자가 시장에 진입할 가능성(제약 회사를 설립하는 것보다 아이스크림 가게를 여는 것이 훨씬 쉬워요), 고객의 힘, 공급자의 힘. 따라서 어떤 분야에서 일하는가에 따라 일반적으로 벌어들이는 수익이 결정돼요. 이때 개별 기업의 기술도 중요하죠! 포터는 많은 수익을 올리게 해 주는 세 가지 방법을 설명했어요. 첫 번째 방법은 생산 비용을 낮추는 거예요(예를 들어 저가 항공). 두 번째 방법은 다른 제품과 아주 차별화된 제품을 만드는 거예요(예를 들어 아이폰 고객은 다른 스마트폰으로 바꿀 생각이 전혀 없어요). 세 번째 방법은 시장의 특정 영역에 집중하는 거예요(예를 들어 고부가 가치 전기 차 부문에서만 경쟁하는 테슬라).

첫 번째 방법은 회사의 시장 점유율을 높여 줘요. 두 번째 방법은 같은 기능을 갖춘 제품을 더 높은 가격에 팔게 해 줘요. 세 번째 방법은 해당 시장에서 더 강한 힘을 가지게 해 줘요.

순이익 – 1년 동안의 최종 이익

이미 말했듯이 이익은 수익과 비용의 차이예요. 하지만 그게 전부는 아니에요. 회사의 이익이라고 하면 일반적으로 수익과 영업 비용(제품의 판매와 생산에 관련된 비용)의 차이를 의미해요. 실제로 회사가 주요 사업으로 벌어들이는 이익을 영업 이익으로 정의하는 경우도 많아요. 앞에서 이익에 관해 말하면서 자전거 회사를 예로 들었어요. 자전거 회사의 수익은 자전거 판매에서 발생하고 비용은 자전거의 생산과 유통에서 발생해요.

그러나 기업의 비용에는 영업 비용뿐만 아니라 영업 외 비용도 있어요.

영업 외 비용이 뭐냐고요? 예를 들어 회사가 은행 대출을 받은 경우 매년 이자를 지불해야 해요. 이자 역시 비용(금융 비용이라고 해요)이에요.

자전거 생산에 직접적으로 드는 비용 말고 간접적으로 드는 비용도 있어요. 자전거 회사가 헬멧을 생산하는 다른 사업체를 일부 소유하고 있다고 가정해 봐요(지분 투자). 해당 사업체의 가치가 1년 사이에 떨어졌다면 그 손실

> **영업 이익과 순이익**
>
> 회사가 '이익을 낸다'고 하면 영업 이익인지 순이익인지 알아봐야 해요. 사실 영업 외 비용이 큰 회사도 흔하므로 순이익이 적은 회사에 투자할 위험이 있어요. 영업 비용보다 훨씬 많은 돈을 들여서 제품을 생산하고 판매한다고 해도 최종 이익을 창출하지 못하는 회사가 있어요. 기업에 투자를 하고 싶다면 영업 이익과 순이익을 구분하는 것이 아주 중요해요.

은 자전거 회사의 비용이 돼요. 자전거 생산이나 판매와 아무런 관련이 없는데도 말이죠. 반면 헬멧 회사가 이익을 얻으면(투자 이익) 이익의 일부를 자전거 회사를 포함한 주주들에게 나눠 줘요. 이렇게 자전거 판매 외에서 발생한 소득을 영업 외 이익이라고 해요.

마지막으로, 매년 회사는 수익에 대해 세금을 납부해요. 이것 역시 영업 비용은 아니지만 그럼에도 비용이에요.

영업 이익에서 영업 외 비용과 세금을 빼고 영업 외 수익을 더하면 순이익이 돼요. 순이익은 회사가 1년 동안 얻은 최종 이익이에요.

재무제표는 회사의 1년 성적표

학생이 열심히 학교 생활을 하고 있는지 알고 싶다면 출석부, 공책 등을 살펴봐야 해요. 회사가 튼튼한지 알고 싶다면 재무제표, 즉 손익 계산서, 재무 상태표, 현금 흐름표를 읽어 봐야 해요.

손익 계산서부터 알아볼게요. 할머니가 한 달에 용돈을 5만 원 주고, 여러분은 그중 4만 5,000원을 쓴다고 가정해 봐요. 여러분이 회사라면 연간 매출액은 60만 원이고 비용은 54만 원이에요. 따라서 이익(수익에서 비용을 뺀 값)은 연간 6만 원이 되죠. 이는 손익 계산서에서 확인할 수 있는 정보예요.

손익 계산서는 마치 한 편의 영화처럼 지난 1년 동안 회사에서 무슨 일이 일어났는지 알려 줘요. 반면 재무 상태표는 사진과 같아요.

지난 몇 년 동안 돼지 저금통에 10만 원을 모았다고 해 봐요. 어느 날 여러분이 학교에 지갑을 갖고 가지 않아서 친구에게서 2만 원을 빌렸어요. 할머니는 용돈 주는 것을 깜박 잊었고요. 이 정보는 여러분의 손익 계산서에 전혀 담기지 않아요. 그러나 누군가가 회사의 재정 건전성을 평가해야 한다면 은행에 돈이 얼마나 있는지, 빚이 얼마나 있는지, 은행 대출이 얼마나 되는지 알아야 해요. 이것이 재무 상태표의 목적이에요. 재무 상태표란 특정 순간에 회사의 자산이 어떤 상태인지 사진으로 찍는 거예요.

재무 상태표(대차 대조표)는 크게 자산과 부채, 두 부분으로 나뉘어요. 자산은 회사가 조달한 자금이 어디에 투자되었는지를 나타내요. 즉 기계, 건물, 창고 안의 상품 등으로 표시되죠. 반면 부채는 회사가 돈을 어디서 얻었는지를 나타내요. 즉 주주가 지불한 돈, 은행 대출 등이죠. 자본, 신용, 건물이 많은 회사는 부자예요. 자본과 자산이 적고 부채가 많다면 약한 회사예요. 재무 상태표를 이해하려면 이런 개념들을 알아야 해요.

마지막으로 현금 흐름표는 뭘까요? 현금 흐름표는 돈이 들어오고 나가는 모든 움직임을 기록하는 은행의 명세서와 비슷해요. 회사의 현금 흐름(기업 활동을 통해 나타나는 현금의 유입과 유출 – 옮긴이)이 어떻게 변하는지 보여 주죠. 서류상의 이익이 아니라 지극히 구체적이고 실제적인 이익을 알려 줘요. 예를 들어 회사가 새 기계를 사기 위해 모든 이익을 지출한 경우 손익 계산서에는 여전히 이익이 표시되지만 현금 잔액에는 '0'이 적혀요. 간단히 말해 회사의 상태를 파악하려면 재무제표를 구성하는 세 가지 문서를 모두 읽어야 해요. 기업의 손익을 나타내는 손익 계산서, 회사의 부를 나타내는 재무 상태표, 마지막으로 1년간 회사의 은행 잔고가 늘어났는지 아닌지를 기록하는 현금 흐름표를 모두 읽어야 하죠.

회사를 세우려면 자본이 필요해요

경제학에서 자본은 상품을 만드는 데 필요한, 노동력 이외의 생산 수단을 통틀어 말해요. 일반적으로는 금융 자본, 즉 돈을 의미해요. 땅, 기계, 건물 등의 구입에 투자되는 자본은 고정 자본이에요. 마지막으로 창고에 있는 상품처럼 판매하면 금세 현금화할 수 있는 유동 자본이 있어요.

  회사를 세우고 싶지만 돈이 없다면 은행이나 가족, 친구에게 돈을 빌려야 해요. 그들 중에는 수익을 얻기 위해 자신의 자본을 투자하는 사람이 있을 거예요. 이렇게 외부에서 빌린 자본을 타인 자본이라고 해요.

  돈을 빌렸다면 약속한 날짜 안에 원금과 이자를 모두 갚아야 해요. 돈을 빌려준 사람은 회사 사정에 관계없이 돈을 돌려받고 싶어 하죠. 반면 회사에 돈을 투자한 사람은 달라요. 투자자는 회사의 실적에 따라 돈을 돌려받지 못할 수도 있어요. 투자금은 위험 자본인 셈이죠. 투자자는 기업가와 함께 위험을 떠안아요. 투자금에는 이자가 보장되지 않고 돈을 갚을 날짜도 정해져

있지 않아요. 그리고 돈을 돌려받을 것이라는 보장도 없어요. 회사 상황이 매우 나빠지면 투자자가 마지막으로 돈을 돌려받기 때문이죠.

회사에 자본을 빌려준 경우 미리 정한 이자율에 따라 수익을 올릴 수 있어요. 반면 회사에 자본을 투자한 경우 시간이 지남에 따라 회사의 가치가 변하고 투자자(주주)에게는 매년 다른 이익이 분배되죠.

인적 자본이 왜 중요할까요?

기업에 매우 중요한 또 다른 자본이 있어요. 바로 인적 자본이에요. 개인의 지식, 기술, 감정, 능력의 총체지요. 소프트 스킬(soft skill)이라고도 해요. 그런데 왜 '인적 자본'이라고 부를까요? 경제적 자본과 마찬가지로 인적 자본도 회사의 생산성을 높이고 실적을 개선하는 데 중요하기 때문이에요!

더 많이 벌기 위해 앞날을 보고 투자를 해요

동네 슈퍼마켓에 음료수를 배달하는 경우 트럭에 넣는 기름은 비용이지만 트럭은 투자예요. 왜 그럴까요? 비용은 그해에 들어가고 그에 따른 혜택도 그해에 없어져요. 투자는 달라요. 지금 투자하면 매년 다시 투자할 필요 없이 이후 몇 년간 경제적 이익(수익)을 얻을 수 있죠.

음료수를 배달하는 트럭에 대해 다시 얘기해 봐요. 매일 아침 한 시간 30분 동안 손으로 음료수 상자를 트럭에 옮겨 실은 다음 슈퍼마켓으로 배달해야 해요. 지게차를 구입하면 하루에 한 시간을 절약할 수 있어요. 시간을 절약해 배달을 늘리면 매출이 상승해요. 지게차를 사는 건 투자예요. 올해 많은 돈을 지출하면 이후 몇 년간은 더 이상 돈을 투자하지 않고도 이익을 얻을 수 있기 때문이죠.

비용은 매년 손익 계산서에 들어가 수익에서 차감돼요. 그러면 투자는요? 투자는 손익 계산서에 포함되지 않고 재무 상태표의 자산에 포함돼요(90쪽

'재무제표' 참고).

　감가상각이라 불리는 투자의 일부만 손익 계산서에 들어가요. 예를 들어 지게차가 10년 동안 사용될 거라면 지게차 구입 비용을 10으로 나누고, 이 금액(감가상각비)을 10년 동안 손익 계산서에 비용으로 넣어 줘요. 그러면 해마다 이익이 줄어들게 되죠.

　투자를 할지 말지는 어떻게 결정할까요? 투자 수익률로 결정해요. 즉 투자금으로 얼마의 수익을 벌지로 결정하죠. 예를 들어 지게차 덕분에 회사의 이익이 10년간(지게차를 교체해야 할 때까지) 해마다 약 100만 원씩 증가한다고 해 봐요. 지게차 값 500만 원을 투자하면 총 1,000만 원을 더 받게 되는 거죠. 첫해에 500만 원을 지출하면 바로 그해부터 매년 100만 원을 더 벌게 돼요. 대략 6년 차부터는 수익을 내게 되고요.

　두 가지 질문이 아직 남아 있어요. 지게차에 투자할 500만 원이 있나요? 이후 5~6년 동안 시장 상황이 변하지 않고 투자금을 돌려받을 수 있을 거라고 확신하세요? 이 질문들에 대한 답을 투자 전에 고민해 봐야 해요.

금융 – 대출, 공동 투자로 자금을 마련해요

여러분에게 사업 아이디어가 있나요? 그 아이디어를 실현하려면 회사를 세워야 하고, 회사를 세우려면 돈이 필요해요. 이후 이 돈이 매출과 이익으로 돌아오는 거예요. 물론 회사가 잘 안 될 수도 있어요. 회사는 여러 위험('비즈니스 리스크'라고 해요)을 만나기 때문이에요.

수년간 사업을 해 온 사업가에게도 자금 조달이 필요할 수 있어요. 예를 들어 공장을 확장하는 등 새로운 투자가 필요할 수도 있거든요.

자금 조달을 하려면 두 사람이 필요해요. 사업상의 아이디어나 계획이 있는 사람과 투자할 자본이 있는 사람이 필요하죠. 두 사람의 만남이 성공하려면 어떻게 해야 할까요?

모든 기업가는 갚지 않아도 되는 자금을 바라요. 종종 국가가 영화 제작과 같은 특정 분야에 자금을 지원하듯이 말이에요.

반면 은행은 정해진 기간 안에 빌려준 돈(원금)에 이자까지 받으려고 하죠. 빌려준 돈을 받지 못할 수도 있다는 위험을 이자가 보상해 주는 거예요. 위

험이 높을수록 이자도 높아요.

때로 금리를 깎아 주는 경우도 있어요. 예를 들어 은행이 특정 고객(청년, 중소기업 등)을 유치하고 싶은 경우 평소보다 이자를 깎아 주는 거예요.

대출 외에 공동 투자로 자금을 조달할 수도 있어요. 공동 투자의 경우 돈을 투자한 사람은 채권자(돈을 빌려 준 사람)가 아니라 동업자가 돼요. 예를 들어 여러분의 삼촌이 공장을 확장할 자본이 필요하다고 가정해 봐요. 삼촌은 은행에서 돈을 빌리는 대신에 자신의 회사 지분을 팔았어요. 그렇게 공장은 확장되었고 새로운 주주가 생겼어요.

회사는 주로 설립 당시나 이후에 주주들의 투자로 자금을 조달해요. 투자금은 회사의 자본금이자 위험 자본이에요.

무하마드 유누스의 '마이크로크레디트'

누구일까요?
현대 마이크로크레디트의 창시자이자 경제학자예요. 마이크로크레디트는 은행 대출을 받기에는 너무 가난한 사람들을 위한 소액 대출이에요.

언제, 어디서 살았나요?
1940년 방글라데시에서 태어나 미국에서 살고 있어요.

왜 중요할까요?
무하마드 유누스는 미국에서 경제학을 공부했어요. 그는 수많은 방글라데시 사람이 가난에 시달린다는 사실을 알고 큰 충격을 받았어요. 방글라데시는 홍수로 심각한 피해를 입어 수십억 달러의 국제 원조로도 가난을 이겨 낼 수 없었어요. 그래서 유누스는 지역 기업가들에게 투자하기로 했어요. 먼저 뜻을 같이하는 사람들과 함께 방글라데시의 소규모 기업가들에게(특히 여성 해방을 돕기 위해 여성 기업가들에게) 적은 액수의 돈을 대출해 주었어요. 돈을 갚을 수 있는 능력보다는 신뢰를 바탕으로 가난한 사람들에게 돈을 빌려주는 그라민 은행을 설립했지요. 유누스는 많은 나라와 세계은행에 좋은 인식을 심어 주며 마이크로크레디트를 전파했어요. 2006년에 그는 '밑에서부터 경제와 사회 발전을 이룬 노력'을 인정받아 노벨 평화상을 받았어요.

"모든 경제의 첫 번째 단계는
각자가 갖고 있는 창의성 스위치를 켜는 것이어야 합니다."

회사는 주주에게 배당금으로 순이익을 분배해요

순이익을 보면 회사가 주주들에게 투자금을 얼마나 갚을 수 있는지 알 수 있어요. 그런데 회사는 어떻게 주주들에게 돈을 갚을까요? 이 질문에 답하려면 배당금에 대해 설명해야 해요.

'배당금'이라는 단어 자체가 많은 것을 말해 줘요. 배당이란 (이 경우 주주들 사이에서) 나누는 것을 의미해요. 그러면 배당금이란 정확히 무엇일까요? 자전거 회사의 재무제표로 돌아가 봐요. 회사가 자전거를 생산 비용보다 더 높은 가격에 판매하면 영업 이익을 얻을 수 있어요. 금융 비용(부채에 대한 이자)이 너무 많지 않고, 다른 회사에 대한 지분의 가치가 줄지 않고, 내야 할 세금이 너무 많지 않은 경우에도 회사는 영업 이익만으로 해당 연도에 진정한 가치를 창출하고 자산을 늘릴 수 있어요.

이렇게 순이익이 발생하면 어떻게 해야 할까요? 이후의 자금 조달을 위해 회사가 갖고 있거나 주주의 지분에 따라 순이익 전체 또는

일부를 나눠 줄 수 있어요. 회사가 갖고 있는 순이익(이 경우 '이익 잉여금'이라고 해요)은 재무 상태표에도 표시돼요.

배당금은 주주가 투자한 자본에 대한 수익이에요. 위험을 감수하고 회사에 투자한 주주는 보상을 받아요. 주주는 다른 방법으로도 보상받을 수 있어요. 주식 가치의 재평가[영어로는 '캐피털 게인(capital gain)'이라고 해요]로도 수익을 낼 수 있거든요. 주주가 회사 주식에 100만 원을 투자하고 연말에 배당금으로 5만 원을 받았으며 증권 거래소에서 거래되는 주식 가치가 110만 원이라면 투자 수익은 15만 원이에요. 100만 원을 투자해 15만 원, 즉 15퍼센트의 수익이 난 거죠.

부채와 신용 관리는 기업의 생존을 좌우해요

여러분이 친구에게 돈을 빌린 적이 있다면 부채를 지고 있는 거예요(친구는 여러분에게 채권이 생긴 거고요). 부채는 (누군가에게) 빚을 지는 거예요(돈을 빌리는 걸 신용을 얻는다고 해요). 채권은 (누군가로부터) 받을 돈이 있다는 거고요.

기업 회계에서 부채와 채권은 중요한 요소예요. 실제로 재무제표의 재무상태표에서 대변에는 부채가 기록돼요. 반면 차변에는 채권이 기록되죠. 채권은 회사가 받을 돈이기 때문이에요. 자세히 살펴볼까요?

여러분이 과자 가게를 한다고 상상해 봐요. 친구들이 과자를 사고 과자 값은 월말에 용돈을 받으면 주기로 했어요. 여러분은 친구를 믿고 외상 매출을 준 거예요. 즉 손님에게 여러분의 자본 일부를 사용한 거죠.

그런데 과자 재료를 파는 공급자가 같은 이유로, 즉 여러분이 자신에게서 재료를 사도록 한 달간 재료 값 지불을 미뤄 준다고 해 봐요. 매월 여러분은 과자 가게의 자금을 조달하기 위해 채권자의 돈을 사용하는 거예요.

주거나(고객, 즉 여러분의 친구들에게 외상으로 과자를 판매한 것) 받은(공급자가 여러분에게 외상으로 과자 재료를 판매한 것) 상업 신용과 함께 재고 자산(완성된 상품, 생산에 쓰일 원재료와 소모품 등)은 매월 공급자로부터 상점 주인을 거쳐 고객에게로 순환되는 회사의 운전 자본이에요.

그런데 부채 중에는 공급업체에 대한 단기 부채만 있는 게 아니에요. 예를 들어 은행에 대한 금융 부채도 있어요. 금융 부채는 대출 만기일에 따라 단기 부채일 수도, 장기 부채일 수도 있어요.

잠깐! 부채와 지불 기한을 잘못 관리하면 아무리 수익성이 높아도 파산할 수 있답니다. 고객에게는 지불 기한을 매우 길게 해 준 반면 공급업체에는 매우 짧은 기한에 돈을 지불해야 하는 경우가 생기기 때문이에요. 반대로 수익이 적은 기업은 돈 받을 기한은 짧게 하고 돈 갚을 기한은 길게 하여 계속 운영해 나갈 수 있어요. 회사를 건강하게 유지하는 건 복잡한 일이에요. 재무 관리(자산과 부채의 관리)는 기업의 생존에 정말 중요해요.

법원에 파산 신청을 할 수도 있어요

창업 아이디어가 뛰어나고 시장 상황이 좋아도 사업이 실패하는 경우가 있어요. 매출과 이익이 점차 줄어들면서 회사가 손실을 입게 되죠.

장기적으로 회사는 공급업체, 직원, 국가에 지불할 돈이 없어져요. 그러면 법에 따라 파산 절차에 들어가죠.

누가 법원에 파산 신청을 할 수 있을까요? 채권자와 채무자(회사)가 할 수 있어요. 그러면 판사가 회사의 파산 절차를 관리하죠. 회사의 자산을 다시 모아 정리하고, 평가하고, 청산하고, 상환하는(법이 정한 순서대로 권리가 있는 사람에게 갚는 거예요) 네 가지 작업을 해요.

우선 회사의 자산을 다시 모아 정리하는 작업은 상품 등을 팔고 받지 못한 돈을 받는 거예요. 이후 파산 관재인(파산 회사의 자산을 관리하고 처분하는 권한을 가진 대리인으로, 법원이 임명해요 – 옮긴이)이 자산을 평가하고 청산해요(처분한다는 뜻이에요). 그리고 회사에 받을 돈이 있는 사람(채권자)에게 돈을 분배해요.

채권에는 순위가 있어서 그에 따라 돈을 갚아야 해요. 가장 먼저 국가의 세금, 직원의 급여 등을 갚아야 해요. 다음은 회사의 부동산을 담보로 잡은 은행 등에 돈을 갚아야 하고요(해당 부동산을 처분했을 경우에 그렇다는 말이에요). 그다음에는 회사의 영업 활동으로 발생한 빚을 갚아야 해요. 담보 채권자에 비해 무담보 채권자는 돈을 돌려받을 가능성이 낮아요.

이렇게 실패한 기업가는 법에 따라 회사를 청산하고 채권자에게 돈을 갚아요. 그런데 어떤 기업가는 일부러 파산을 신청하는 경우도 있어요. 자신의 경제적 이익을 위해 빚을 잔뜩 지고 회사를 파산시키는 거죠. 그런 행동은 법적으로 처벌받을 수 있어요.

위험이 높으면 기대 수익도 높아요

나쁜 일이 일어날 가능성을 '위험'이라고 해요. 시험 공부를 하지 않으면 나쁜 성적을 받을 위험이 있어요. 경제에서 위험은 불확실한 결과를 뜻해요. 그 자체로는 나쁜 것이 아니죠. 위험이 높을수록 불확실성이 커져요. 결과의 수가 많아진다는 말이에요. 위험이 낮을수록 결과의 수는 적어지죠.

여러분이 100미터를 18초에 달린다고 해 봐요. 100미터를 18.2초에 달리는 친구를 만나면 승리할 수도, 패배할 수도, 무승부로 끝날 수도 있어요. 그런데 100미터를 19초에 달리는 친구를 만난다면 승리하거나 무승부를 거둘 가능성이 매우 높아요. 누가 이길지 돈을 건다면 첫 번째 경우가 더 위험해요. 누가 이길지가 더 불확실하기 때문이에요. 경제에서 불확실성은 위험과 같아요.

여러분이 우리나라에 100개의 신발 매장을 갖고 있다고 가정해 봐요. 우리나라에 101번째 매장을 열지, 아니면 유럽에 첫 번째 매장을 열지 결정해야 한다면 이 두 가지 계획의 위험을 계산해 봐야 해요. 우리나라의 경우 관련 법률, 고객, 경쟁자와 경쟁 제품, 가격, 비용에 대한 모든 것을 알고 있어요. 그러나 이미 100개의 매

장이 있기 때문에 101번째 매장은 새로운 고객을 많이 끌어모으지 못할 수 있어요. 반면 여러분은 유럽에 대해 아무것도 모르지만 첫 번째 매장을 열면 금방 신규 고객을 많이 끌어모을 가능성이 높아요. 우리나라에서는 위험이 낮고 유럽에서는 위험이 훨씬 높아요. 성공과 실패 확률이 우리나라보다 유럽이 더 높다는 말이에요.

그렇다면 어디에 투자해야 할까요? 회사가 유럽에서 실패한다 해도 버틸 수 있다면, 그리고 회사가 빠르게 성장하기를 원한다면 유럽에 매장을 여는 것이 좋아요. 그렇지 않다면 우리나라에 매장을 여는 것이 좋고요.

경제학에서 '위험'은 항상 수익과 함께 쓰여요. 위험이 높을수록 얻을 수 있는 수익도 높아지죠. 위험이 낮을수록 기대 수익도 낮아져요. 그러므로 아무런 위험 없이 높은 수익을 주겠다고 말하는 사람들을 항상 조심해야 해요.

높은 수익률은 위험 투자에 대한 보상이에요

위험은 기업 활동에 따르는 불확실성이라고 했어요. 불확실성이 높을수록 위험도 높아져요. 위험이 높을수록 기대 수익도 높아지죠. 기대 수익은 위험 속에서도 용기를 낸 것에 대한 보상이에요.

경제학에서 수익률은 투자에 대한 기대 수익을 나타내요.

여러분에게 100만 원이 있는데, 친구 두 명이 각자 자신의 사업에 투자해 달라고 부탁한다고 해 봐요. 한 명은 어린 시절부터 같이 놀러 다닌 해변에 아이스크림 가게를 열고 싶어 하고, 다른 한 명은 유명한 수제 아이스크림을 집으로 배달하는 스타트업(첨단 기술이나 참신한 아이디어에 기반한 고위험, 고수익, 고성장을 목표로 하는 기업 – 옮긴이)을 시작하고 싶어 해요.

여러분은 친구들의 수익률을 분석해요. 그 결과, 창업 3년째에 첫 번째 친구는 매출 1,000만 원에 이익 100만 원을 예상하고, 두 번째 친구는 매출

> **수익률부터 이자율까지**
>
> 수익률과 이자율은 같은 말이에요. 돈을 빌린 사람은 이자율만큼 이자를 더하여 돈을 갚아야 해요. 그러면 돈을 빌려준 사람은 이자율만큼의 수익률을 내는 셈이지요.
> 이자율은 위험에 따라 달라져요. 이미 많은 회사를 성공적으로 창업한 기업가와 처음 회사를 세운 초보 사업가가 돈을 빌린다면 초보 사업가가 더 높은 이자율을 감당해야 할 거예요. 높은 이자율은 더 큰 위험을 받아들인 용기에 대한 보상이에요.

5,000만 원에 이익 1,000만 원을 예상한다는 것을 알게 되었어요.

첫 번째 친구에게 투자하면 수익률은 5퍼센트이고, 두 번째 친구에게 투자하면 수익률은 15퍼센트예요. 왜 이런 일이 생길까요?

대답은 위험과 관련되어 있어요. 해변의 아이스크림 가게는 위험과 수익이 더 낮아요. 반면 스타트업은 매우 잘될 수도, 실패할 수도 있어요. 그래서 두 번째 친구는 투자자들에게 그들의 용기에 대한 보상으로 더 높은 수익을 약속해야 해요. 위험과 수익은 비례한다는 사실을 기억하세요.

국가의 부를 말하는 GDP

이런 뉴스를 들어 본 적이 있죠? "올해 우리나라의 GDP가 크게 성장했습니다!" GDP(국내 총생산)는 국가의 부를 측정하기 위해 가장 널리 쓰이는 기준이에요. GDP가 무엇인지 알아볼게요. GDP는 한 국가 안에서 만들어 낸 부가 가치의 합계예요.

우리나라 안에서 상품은 100만 원어치, 서비스는 50만 원어치가 생산되고 최종 소비자는 15만 원의 세금을 내야 한다고 가정해 봐요. 그리고 이 상품과 서비스의 생산과 판매를 위해 120만 원어치의 상품과 서비스를 구매했다고 해 봐요. GDP는 165(150+15)-120, 즉 45만 원이에요.

부가 가치는 상품이나 서비스의 최종 가격(슈퍼마켓에서 지불하는 가격)과 해당 상품의 생산 비용(자본, 노동, 원자재 등의 가격) 사이의 차이예요. 기업가가 기계를 50만 원, 원자재를 150만 원, 노동력을 100만 원에 구입하고 자본 비용이 50만 원 들었다면 총생산 비용은 350만 원이 돼요. 기업가가 상품을 500만 원에 판매하면 부가 가치는 150만 원이고, 이는 GDP에 포함돼요.

GDP는 국가의 부를 나타내요. GDP를 국민 수(인구)로 나누면 1인당 GDP가 돼요. 1인당 GDP는 국민 한 사람이 얼마만큼의 부를 만들어 내는지를 알려 주어 실제 생활 수준을 보여 줘요. 1인당 GDP는 인플레이션을 고려하지 않기 때문에 '명목 GDP'라고 불려요. 인플레이션을 고려하면 실질 GDP가 돼요. 실질 GDP는 화폐의 구매력과 깊이 관련되어 있죠.

GDP에는 무엇이 들어가나요?
GDP는 매우 유용한 수치임에도 최근에 많은 비판을 받고 있어요. GDP에는 마약 거래, 밀수, 성매매 등 불법 행위까지 포함되는 반면 대기 오염, 인간관계의 질, 건강, 사회 복지 등 사회생활과 관련된 질적 변수는 포함되지 않기 때문이에요.

    GDP는 매우 중요한 경제 척도예요. 한 나라의 경제 규모를 파악하는 데 매우 중요하죠. 교육, 공공 부채, 예산 적자 등을 국가들 사이에서 비교할 때 절대 수치가 아니라 GDP 대비 비율(또는 1인당 GDP)이 쓰이거든요.

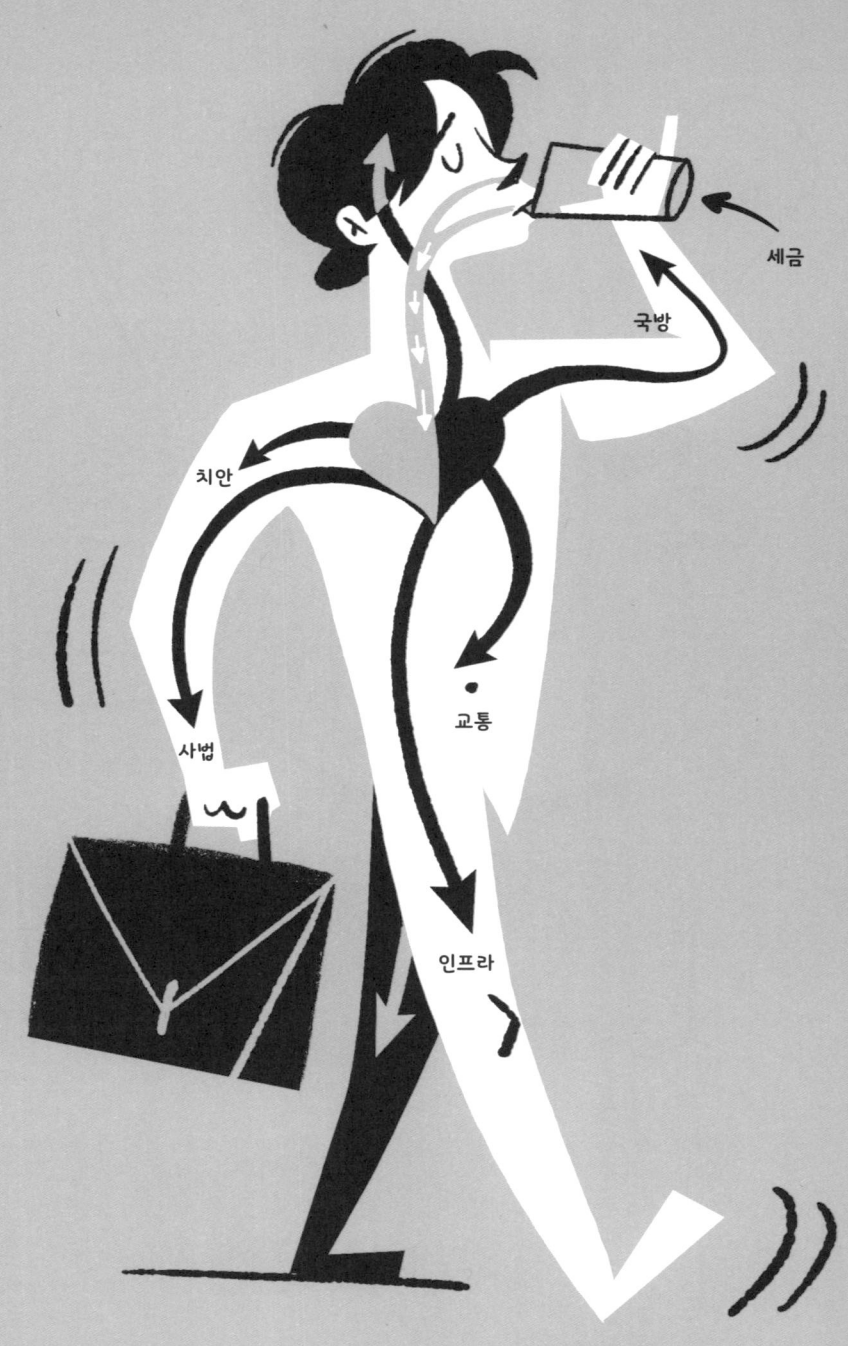

재정 수지 – 국가도 적자가 쌓이고 있어요!

누가 도로를 청소하나요? 누가 도로를 만드나요? 선생님 월급은 누가 주나요? 병원에 있는 환자들의 약값이나 치료비는 누가 보조해 주나요? 이 모든 질문에 대한 대답은 같아요. 국가가 예산으로 지불해요.

국가는 또 뭘 부담할까요? 연금, 공공 의료, 공무원(국가 또는 지방 공공 단체 등에서 일하는 사람) 급여, 사법(법원), 치안(경찰), 국방(군대), 인프라(도로, 교량, 철도, 공항 등). 그러면 국가는 이 모든 돈을 어디서 얻을까요? 주로 세금과 관세에서 얻어요. 문제는 오랫동안 전 세계 거의 모든 국가에서 매년 거둬들이는 돈보다 더 많은 돈을 지출해 왔다는 거예요. 소득보다 지출이 많으면 재정 적자라고 해요. 예전에는 국가가 적자를 낸 적이 없었어요. 치안, 군대, 사법 등과 관련된 비용만 지출하면 되었거든요. 그러다가 몇 세기 전부터 국가가 철도·항구·도로 건설에 지출을 하기 시작했어요. 그리고 최근에는 복지, 교육, 보건 등을 제공하기 시작했고요. 문제는 이런 공공 지출(재정 지출)이 수입보다 많았다는 거예요.

따라서 매년 재정 적자가 발생했고 거대한 부채가 쌓였어요. 알다시피 부채가 있으면 돈을 빌려준 사람에게 이자를 지불해야 해요. 많은 나라에서 부채에 대한 이자는 예산에서 매우 큰 비중을 차지하게 되었어요.

> **적자를 막을 수 있을까요?**
> 유럽은 1992년 마스트리흐트 조약을 통해 재정 적자를 통제하려 했어요. 국가의 재정 적자가 GDP(110쪽 참고)의 3퍼센트를 초과하지 못하도록 했지요. 그러나 항상 적자를 막지는 못했어요. 그러다가 2019년 코로나19가 유행하면서 모든 국가가 특히 의료 부문에 많은 지출을 하게 되었고 적자는 더욱 악화되었어요.

공공 부채 – 갓난아기도 빚이 3,200만 원이 넘어요!

리히텐슈타인이나 모나코 공국과 같은 아주 적은 경우를 제외하면 많은 국가가 매년 거둬들이는 돈보다 더 많은 돈을 지출하고 있어요. 수십 년간의 재정 적자로 국가가 상당한 부채를 쌓았다는 의미예요. 사실 공공 부채는 전년도에 기록된 모든 재정 적자의 합계에 지나지 않아요. 국가가 능력 있다면 재정 적자와 그에 따른 공공 부채는 큰 문제가 아니에요. 실제로 재정 적자는 경제 상황이 안 좋아졌을 때 국가가 경제를 살리는 방법이에요. 특정 기간에 기업과 민간 부문이 성장하지 않고 일자리가 부족한 경우 국가는 적자일지라도 공공 자금으로 상품과 서비스를 구매해요. 그러면 경제는 활력을 얻고 다시 움직이게 돼요. 그렇게 민간 경제가 다시 성장하기 시작하면 국가는 다음 위기에 대비해 지출을 줄여야 해요. 지출이 수입을 넘어서지 않더라도 말이죠. 그러면 적자는 몇 년 뒤에 사라질 거예요. 부채는 위기

기간에 증가했다가 경제 성장 기간에 감소하기 때문에 장기적으로는 안정적일 거예요. 그런데도 오늘날 거의 모든 국가가 막대한 부채를 안고 있어요. 우리나라의 국가 부채는 1,670조 원이 넘어요(2023년 기준). 갓난아기까지 포함해서 1인당 3,200만 원이 넘는 금액이에요. 알고 있었나요?

우리나라에는 부자가 많기 때문에 공공 부채는 문제되지 않는다고 말하는 사람들이 있어요. 그러나 절대 그렇지 않아요. 왜 그럴까요? 두 가지 이유가 있어요.

첫째, 민주 국가에서 개인의 재산은 개인에게 속하며 공공 부채를 갚는 데는 쓸 수 없어요.

둘째, 부채가 많으면 이자를 내느라 건강, 교육, 기술 혁신에 대한 투자를 줄여야 해요.

간단히 말해 공공 부채가 많으면 과거의 빚을 갚느라 미래를 위해 많은 돈을 쓸 수 없어요.

존 메이너드 케인스의 '위로부터의 개입'

누구일까요?
20세기에 가장 영향력 있는 영국의 경제학자예요.

언제, 어디서 살았나요?
1883년부터 1946년까지 주로 영국에서 살았어요.

왜 중요할까요?
전쟁이 끝난 뒤 영국은 실업 문제가 심각했어요. 영국 정부는 케인스의 경제 이론에서 해결법을 찾았죠. 아무리 '자유' 시장이라도 국가는 기업의 힘이 너무 강해지지 않도록 항상 통제해야 해요. 이것이 바로 케인스의 생각이었죠. 케인스는 기업이 국가가 아닌 개인의 것이라고 믿었지만, 그럼에도 국가는 부의 불균형한 분배를 막아야 한다고 생각했어요. 애덤 스미스는 시장이 '스스로 대응'할 수 있다는 가설을 세웠지요. 그러나 1929년 대공황을 겪으면서 케인스는 '위로부터의' 개입이 필요하다고 확신하게 되었어요.

케인스에 따르면 수요와 공급은 저절로 맞춰지지 않아요. 따라서 개인이 돈을 쓰지 않는다면 국가가 나서야 하죠. 어떻게요? 교육, 의료, 주택, 인프라에 투자하는 거예요. 복지가 좋아지면 사람들은 더 많이 지출하게 되고, 기업은 수요를 맞추기 위해 더 많이 생산할 거예요.

"경제학자와 정치 철학자의 생각은 옳든 그르든
우리가 예상하는 것보다 더 강력합니다."

세금은 모든 시민이 부담하는 사회 비용

영국의 의적 로빈 후드를 아시나요? 로빈 후드는 존 왕의 금고를 훔쳐요. 금고 안에는 세금으로 받은 금이 들어 있었어요. 오늘날에도 세금은 많은 사람에게 부담을 줘요. 힘들게 벌어들인 돈의 일부를 세금으로 내야 하니 아깝다는 생각도 들죠. 그런데 세금은 사회 계약의 증거예요. 모든 시민을 하나의 사회에 통합하고 시민 각자는 자신의 능력에 따라 사회에 기여하는 거죠. 자신의 수입에 따라 세금을 내서 사회에 필요한 비용을 부담하는 거예요.

그러면 세금은 무엇이고 어떻게 발생할까요? 세금은 지역 사회의 활동에 필요한 자금을 조달하기 위해 개인과 기업이 국가나 지방 자치 단체에 내는 돈이에요. 세금을 거둬들일 수 있는 권리(징세권)는 도로, 철도, 교육, 보건, 국방, 환경 보호 등 공공 서비스를 제공하는 국가의 권리 중 하나예요.

여러분의 부모님이 근로자라면 매월 급여를 받고 소득세를 국가에 납부할 거예요(국세). 집을 사면 내는 취득세는 지방 자치 단체에 내는 지방세예요.

청바지를 사면 국가에 10퍼센트의 부가 가치세(VAT)를 납부하게 돼요.

세금은 소득이나 자산에 매기는 직접세(소득세, 취득세 등)와 간접세로 구분돼요. 직접세는 더 많이 벌수록 더 많이 내야 하기 때문에 더 공정해요. 반면 간접세는 부자든 가난한 사람이든 누구나 똑같이 내야 하죠.

　세금은 정액세(모든 사람이 동일한 금액 납부), 비례세(소득이나 자산에 대해 동일한 세율을 적용), 누진세(소득이나 자산이 증가함에 따라 세율 증가), 역진세(소득이나 자산이 증가함에 따라 세율 감소)로도 분류할 수 있어요.

　국민의 소득에서 세금이 차지하는 비율을 '조세 부담률'이라 하고, 2022년 우리나라의 조세 부담률은 GDP의 23.9퍼센트였어요.

조세 포탈(탈세)과 조세 회피
세금은 모든 사람의 의무예요. 개인과 기업이 납부해야 하는 세금을 납부하지 않는 것을 '조세 포탈'이라고 해요. 법으로 처벌받는 불법 행위죠. 한편 조세 회피는 법적으로 인정하는 범위 안에서 세금의 일부를 납부하지 않는 거예요. 영국의 전설적인 의적 로빈 후드는 조세를 포탈한 걸까요, 아니면 회피한 걸까요?

요금은 어떤 서비스를 이용하는 대가

그렇다면 부가 가치세는 요금일까요, 세금일까요? 많은 사람이 요금을 써야 할 곳에 세금이라는 단어를 쓰곤 해요. 세금은 소득이나 자산이 있는 모든 사람이 내는 것이고, 요금은 특정 서비스를 사용하는 사람이 내는 거예요. 요금은 국가나 공공 기관이 제공하는 서비스의 가격인 셈이죠.

예를 들어 소득이 있는 사람은 누구나 소득세를 내야 해요. 하지만 호텔비는 호텔에 가는 사람만 내죠. 관광이나 출장 등으로 다른 도시에 가는 사람은 가로등이나 도로 등 그 도시의 공공 서비스를 이용하고 적은 액수의 요금을 내요. 집에 머무르는 사람은 그런 요금을 내지 않을 거예요.

또 다른 요금의 예를 들어 볼까요? 우리는 쓰레기를 버릴 때도 돈을 내야 해요. 그래야 쓰레기를 수거하고 재활용할 비용을 마련할 수 있으니까요. 해외로 나가기 위해 여권을 신청하는 경우 국가는 여권 발급과 관련된 비용을 일부 받아요.

요금은 세금과 달리 개인의 소득이나 자산과 관련 없고 국가가 제공하는 서비스의 실제 비용과도 관련 없어요. 종종 요금은 특정 서비스(예를 들어 여

권 발급 수수료)를 이용하는 사람에게만 부과되어요. 인구가 많지 않은 지역에서 버스를 운행하는 버스 회사의 경우 지방 자치 단체가 지원금을 줘요. 버스 회사는 손님이 내는 요금보다 훨씬 많은 비용이 들기 때문에 지원금이 없으면 버스를 운행하지 않을 거예요. 그래서 그 버스를 타든 말든 해당 지역의 모든 시민과 기업이 납부하는 세금으로 지원금을 주는 거예요. 모두 주민의 편의를 위해서죠.

제러미 벤담의 '최대 다수의 최대 행복'

누구일까요?
영국의 철학자, 법학자, 경제학자예요.

언제, 어디서 살았나요?
1748년부터 1832년까지 영국에서 살았어요.

왜 중요할까요?
애덤 스미스를 기억하나요? 애덤 스미스는 개인이 시장에서 자유롭게 행동하도록 내버려두면 집단의 행복이 증가하기 때문에 개인의 이익이 집단의 이익과 일치한다고 생각했어요. 제러미 벤담은 이 이론을 '수정'해요. 벤담은 매일 자신의 이익과 만족만 생각하지 말고 우리의 행동이 우리 자신과 다른 사람에게 가져올 결과를 생각해야 한다고 주장했어요. 처음에는 우리의 개인적 만족이 다른 사람의 만족과 일치하지 않더라도 언젠가는 다른 사람들이 우리에게 혜택을 줄 거예요. 많은 사람의 행복으로 이어지는 행동이 결국에는 유용한 행동인 거죠! 이런 사고방식을 '공리주의'라고 해요.

"최대 다수의 최대 행복은 도덕과 법의 기초입니다."

인플레이션 – 돈의 가치가 뚝뚝 떨어져요!

여러분의 주머니에 과자와 음료수를 살 돈이 2,000원 들어 있어요. 여러분은 음료수와 과자를 골라 계산대에 갔어요. 그런데 어느새 과자와 음료수 가격이 올라서 2,000원으로 살 수 없게 되었어요. 이것이 바로 인플레이션이에요. 인플레이션은 가격이 상승해서 구매력이 감소하는 거예요. 우리가 이전처럼 물건을 사려면 돈을 더 많이 써야 하죠.

　인플레이션의 원인은 무엇일까요? 원자재 비용, 인건비, 에너지 비용이 올라서 모든 상품의 생산 비용이 덩달아 증가하면 인플레이션이 발생해요. 공급이 일정한 경우 상품과 서비스에 대한 수요가 늘어나도 가격이 올라가죠.

동네에 새 학교가 문을 열었지만 슈퍼마켓 수는 똑같다고 생각해 봐요. 새로운 고객 수십 명이 슈퍼마켓을 가득 채우고 가격이 오를 수 있어요. 수요 증가로 인플레이션이 발생한 거예요.

한편 시중에 유통되는 화폐가 늘어나도 인플레이션이 발생해요. 국가가 공공 사업에 자금을 대기 위해 더 많은 돈을 찍어 낸다면 그 돈이 세상에 나오고 사람들은 같은 상품에 더 많은 돈을 내야 해요.

그러면 인플레이션은 어떻게 측정할까요? 한 가정의 장바구니에 담긴 상품과 서비스의 가격을 계속 확인하는 거예요. 그러면 인플레이션은 모든 사람에게 똑같은 영향을 미칠까요? 아니요. 인플레이션은 소득이 적은 사람의 구매력에 더 큰 영향을 미쳐요. 특히 수입이 적은 사람들에게 해롭다는 의미예요. 인플레이션을 줄이기 위한 '해결책'조차 가난한 사람들에게는 해로워요. 인플레이션이 너무 심해지면 중앙 은행은 이자율(시중 은행에 돈을 빌려줄 때의 금리)을 올려요. 그러면 투자가 줄어들고 수요가 감소하며 가격은 변하지 않아요. 한편 투자가 줄어들면 일자리가 사라지고 실업률이 증가하죠.

그래서 인플레이션이 위험해요. 인플레이션이 발생할 때도, 인플레이션을 줄이기 위해 개입할 때도 모두 피해가 발생하기 때문이에요.

루이지 에이나우디의
'인플레이션 탈출, 경제 기적 달성'

누구일까요?
이탈리아의 제2대 대통령이자 정치가, 경제학자, 언론인이에요.

언제, 어디서 살았나요?
1874년부터 1961년까지 이탈리아에서 살았어요.

왜 중요할까요?
여기서는 루이지 에이나우디가 전쟁 이후 이탈리아 경제에 어떤 공을 세웠는지만 말할게요. 에이나우디는 대통령이 되기 전에 이탈리아 은행 총재와 재무부 장관으로 일했어요. 제2차 세계 대전의 폐허에서 이탈리아를 다시 일으키기 위해 리라(이탈리아 돈)를 안정시키고, 투자를 위한 저축을 장려하고, 기업 소득과 고용과 GDP를 증가시킬 경제 정책을 세웠어요. 전쟁 이후의 엄청난 인플레이션 속에서도 말이죠. 에이나우디는 인플레이션을 막기 위해 지급 준비금 제도와 재할인율(중앙 은행이 시중 은행에 돈을 빌려줄 때 적용하는 이자율) 등을 활용했어요. 그 덕분에 국제 수지(일정 기간에 한 나라가 다른 나라와 행한 모든 경제적 거래를 분류한 것 – 옮긴이)가 나아졌고 이탈리아는 성공적으로 해외 시장에 진출할 수 있었어요. 이탈리아가 1950년대에 '경제 기적'을 이루고 경제 강국으로 성장할 수 있었던 것도 에이나우디 덕분이었어요.

"국가가 잠깐의 중요한 순간을 놓치는 것은
돌이킬 수 없는 실수가 됩니다."

민영화와 자유화, 혼동하지 마세요

철도는 누구의 것일까요? 그리고 물을 관리하는 회사는 누구의 것일까요? 나라마다 달라요.

공산주의 정권(1922~1991년 소련)에서는 모든 생산 수단(토지, 공장, 기계 등)이 국가의 것이었어요. 미국과 같은 자본주의 국가에서 생산 수단은 거의 전적으로 개인(또는 기업)의 소유예요.

그 외에 공산주의와 자본주의를 섞은 혼합 경제 모델이 있어요. 우리나라의 경우 생산 수단이 국가 소유와 개인 소유로 혼합되어 있어요. 주로 개인이 생산 수단을 갖고 국가는 일부 중요한 기업만 소유하고 있어요. 즉 국가가 기업가인 셈이죠.

국가가 기업을 소유하는 데는 몇 가지 이유가 있어요. 우선 군사 기술(무기 등) 같은 매우 비밀스러운 사업은 개인에게 맡기고 싶지 않을 거예요. 또한 반드시 필요하지만 돈을 많이 벌지 못하는 사업(산간 마을에 우편물을 배달하는 우체국을 생각해 봐요)은 개인이 관심을 보이지 않을 거고요.

1929년 대공황 이후와 제2차 세계 대전 이후 많은 국가가 다양한 기업을 인수했어요(많은 기업이 파산 위기에 놓였거든요). 이런 이유로 혼합 경제 체제가 된 거죠. 그러다 1980년대에 미국의 레이건 대통령과 영국의 대처 정부가 민영화를 주도했고 유럽의 여러 국가가 그 뒤를 따랐지요.

민영화의 목적은 두 가지

였어요. 우선 국가는 균형 예산을 위해 세금 이외의 수입이 필요했어요. 그다음으로는 경제에 대한 국가(와 정치)의 개입을 줄이고 싶었어요. 우리나라에서도 1960년대부터 항공, 담배, 전기, 전화, 철강, 석유, 은행 등 여러 사업이 민영화되어 왔어요.

그러나 민영화를 자유화와 혼동해서는 안 돼요. 민영화의 경우 국가는 해당 기업의 주식을 증권 거래소에 상장하거나 투자자에게 직접 판매하여 개인에게 넘겨요. 자유화의 경우 회사는 여전히 공공이나 민간 소유로 남아 있지만 이전에 독점이나 과점이었던 분야(전기나 전화)에 다른 경쟁 회사가 생기게 돼요. 그러면 고객보다 회사를 더 보호했던 규정에 변화가 일어나죠.

경제 성장이 반드시 복지를 가져오지는 않아요

돈이 많으면 행복할 수도 있지만…… 옆에 있는 친구의 주머니가 비어 있으면 행복감은 금방 사라지겠죠?

경제 성장은 정부의 주요 목표로 여겨지곤 해요. 성장이 없을 때 우리는 위기라고 말하죠. 그러나 성장이 이렇게 중요해진 것은 최근의 일이에요. 1700년대까지 경제는 주로 농업에 기반을 두고 있었어요. 새로운 땅을 개간하고 농업 기술이 점차 발전하면서 농업 생산은 점차 증가했어요. 그래서 오늘날과 같은 경제 성장을 이야기하는 사람은 아무도 없었지요.

1차 산업 혁명 이후 국제 무역이 확대되면서 왕족, 귀족 말고도 부를 쌓는 사람이 생겼어요. 부르주아 사회에서 중상주의자들은 국가의 부가 토지와 인구가 아닌 무역에 달려 있다는 이론을 처음으로 제시했어요. 유럽에는 대량 생산으로 엄청난 부를 쌓는 개인이 생겼지요. 그렇게 산업 자본주의가 부를 늘리면서 수십억 명의 식량난, 식수난, 주거난, 건강 문제 등이 해결됐어요.

그래서 우리는 성장과 복지를 혼동해요. 경제, 즉 부의 지속적인 성장 없이는 모두가 잘 살 수 없다고 믿는 거죠. 이런 생각에는 두 가지 문제가 있어요.

첫 번째, 사람들이 더 부유하다고 해서 반드시 더 행복하지는 않아요. **사람들이 행복하다고 말하는 것은 돈을 더 많이 벌어서라기보다는 가까운 사람들이 행복해서인 경우가 많아요.** 즉 부유하지만 **불평등한 사회는 행복하지 않다**는 말이에요.

두 번째, 현재의 경제 모델로는 **경제를 계속 성장시키기가 불가능해요.** 언젠가 원자재나 에너지가 고갈되고 쓰레기가 너무 많아질 테니까요.

이런 이유로 우리는 수십 년 동안 경제 성장의 사회적·환경적 지속 가능성(138쪽 참고)에 대해 이야기하게 되었어요.

안토니오 제노베시의 '시민 경제'

누구일까요?
작가, 철학자, 경제학자, 성직자예요.

언제, 어디서 살았나요?
1713년부터 1769년까지 이탈리아에서 살았어요.

왜 중요할까요?
1700년대 이탈리아 경제학자인 안토니오 제노베시는 시민 경제라는 새로운 경제 모델을 주장했어요. 여기서 '시민'이라는 말은 아름다운 뜻을 많이 담고 있어요. 우선 시민 경제는 사람을 중심에 둬요. 그래서 시장은 사람들이 더 많은 이익을 얻기 위해 경쟁하는 곳이 아니라 서로 교류하고 이익을 나누는 장소가 되죠. 즉 사람과 사람의 관계를 우선하고 다른 사람의 행복을 생각하면서 자신의 행복을 만들 수 있는 곳이에요. 시민 경제 이론에 따르면 '다른 사람들을 해치면서 만든 부는 모두에게 불행을 가져오기 때문에 행복은 공공의 행복으로만 존재할 수 있어요'. 더욱이 시민 경제는 '문명'으로 이어져야 해요. 즉 일자리를 창출하고, 환경과 사회를 존중하며, 상품과 서비스를 개선해야 해요. 간단히 말해 더 행복한 사회를 만들기 위해서는 개인을 위한 복지를 만들어 내야 해요. 1700년대에 이런 개념이 만들어졌다니 놀랍지 않나요? 제노베시가 관심을 가졌던 지속 가능성과 기업의 사회적 책임은 오늘날 수많은 사람이 관심을 갖는 주제가 되었어요.

"인간이 완벽해지는 데
가장 큰 장애물은 인간이 아주 완벽하다는 믿음입니다."

세계화 – 정말 작은 세상이에요

휴대 전화는 어디에서 생산될까요? 일부 원자재는 아프리카에서 오고 일부 부품은 우리나라에서 생산·조립되어 전 세계로 판매돼요. 오늘날 세계 경제는 완전히 서로 연결되어 있어요.

세계화는 새로운 것이 아니에요. 기원전 3000년경 고대 상인들이 메소포타미아와 인더스 계곡 사이를 오갔을 때 이미 세계화는 시작되었죠. 상인들은 자신들의 상품을 판매할 새로운 시장을 찾아다녔어요. 예를 들어 이탈리아 상인인 마르코 폴로는 1200년대에 중국에 갔어요. 1500년대와 1800년

대 사이에는 유럽의 대제국들이 세계의 무역로를 정복했어요.

세계화라는 말이 널리 쓰이기 시작한 것은 1980년대부터예요. 오늘날의 세계화는 예전의 세계화와 달라요. 상업·경제·금융 분야의 교류뿐만 아니라 사회, 문화, 관습의 교류까지 일어나고 있기 때문이죠. 30년 전만 해도 핼러윈 축제를 즐기는 사람이 아무도 없었다는 사실을 아나요? 한국에 맥도날드가 처음 문을 연 것이 1988년이라는 것은요?

이처럼 오늘날의 경제와 사회는 상호 의존적(서로 의지한다는 뜻이에요)이기 때문에 세계 경제와 사회를 서로 떼어서 생각하기는 어려워요.

관세가 줄어들면서 상품이 세계의 한 지역에서 다른 지역으로 더 자유롭게 이동할 수 있게 되었어요. 여기에 교통과 통신(무엇보다 인터넷)의 발달이 더해지면서 세계화가 더욱더 빨라졌어요.

세계화는 긍정적인 영향과 부정적인 영향을 모두 갖고 있어요. 세계 무역이 활발해지면서 경제의 환경적·사회적 지속 가능성이 더욱 심각한 문제가 되었어요.

세계화의 영향

세계화로 거대한 다국적 기업이 태어났어요. 다국적 기업은 여러 국가의 정부보다 더 강력해졌어요. 다국적 기업은 산업 기지를 아시아나 남아메리카로 이전해서 경제 성장을 도왔어요.

이로 인해 유럽과 미국의 일부 지역이 가난해졌어요. 또한 많은 지역의 문화나 국가 정체성이 사라지고 있어요.

대신 이제 젊은 세대는 자신들이 모두 하나의 행성에 속해 있다고 느껴요. 그래서 서로를 더 존중하고 훨씬 더 비슷한 가치를 나눠 가져요.

반다나 시바의 '환경 생태 운동'

누구일까요?
국제적인 활동가이자 사회생태학 전문가예요.

언제, 어디서 살았나요?
1952년에 태어나 인도에서 살고 있어요.

왜 중요할까요?
반다나 시바는 여러 환경 생태 소송을 이끌었어요. 특히 주민들이 수세기 동안 일궈 온 토지를 빼앗아, 지역 문화와 전통을 바꾸는 다국적 기업에 맞섰지요. 시바는 천연자원의 사유화(개인이 갖는 것 - 옮긴이), 생물에 대한 특허, 유전자 변형 농수산물(GMO)에 반대했어요. 시바는 이런 유형의 경제는 지속 가능하지 않다고 생각했어요. 우리 인간들이 균형을 깨뜨리지 않고 '생물 법칙에 따라 살아야만 종으로서 생존할 수 있기' 때문이에요.

시바의 생각은 논란의 여지가 많고 비과학적이라는 비난을 받았어요. 하지만 시바 덕분에 다국적 기업이 환경을 착취하고 수많은 사람의 식량권(적절한 양과 질의 식량에 접근할 수 있는 권리 - 옮긴이)을 박탈한다는 사실이 모두에게 알려졌어요.

"경제의 세계화는 새로운 종류의 기업 식민주의입니다."

미래 세대를 위한 지속 가능성, 바로 여러분을 위한 일이에요

이제 가장 중요한 마지막 단어가 나왔어요. 여러분 같은 미래 세대가 지속 가능성 문제를 해결하지 못한다면 아무것도 소용없어요. 지속 가능성은 아주 간단한 개념이에요. 한 세대(여러분의 부모님 세대)가 자신의 필요를 충족시키면서 다음 세대(여러분 세대)의 필요도 충족시킬 수 있다면 지속 가능하다고 해요. 도시 근처의 강에서 깨끗한 물을 끌어다가 여러분 부모님이 일하는 공장에서 사용한 다음 더러운 물을 강으로 돌려보낸다면 한 세대는 자신의 필요(일, 부, 복지)를 충족시킬 수 있지만 다음 세대는 자신의 필요를 충족시킬 수 없게 돼요. 미래에는 깨끗한 강물을 쓸 수 없을 테니까요.

지속 가능성과 가장 가까운 개념은 균형이에요. 경제 시스템은 지속 가능해요. 세 가지 측면에서 균형을 이룬다면 말이죠. 경제적 측면에서 비용보다 더 큰 수익을 창출하는 경우, 환경적 측면에서 에너지와 원자재를 최대한 많이 재생해서 쓰는 경우, 사회적 측면에서 시스템의 모든 행위자가 가치를 합리적으로 분배하는 경우 세 가지 측면에서 균형을 이룬 거예요. 이 세 가지 측면의 균형을 생각하면 사회와 경제의 건전성을 경제 성장(GDP)만으로 측정하는 것은 더 이상 적합하지 않아요. 잘 살기 위한 필수품이 모두 부족하고 환경이 아직 개발되지 않았던 시대에는 경제 성장만으로 충분했을지 몰라요. 하지만 이제는 경제 성장이라는 말이 복지, 진보, 삶의 질 같은 말로 바뀌어야 해요. 원자재가 공장에서 제품이 되고, 제품이 다시 폐기물이 되는 직선적인 모델은 더 이상 지속 가능하지 않아요.

  우리는 순환 경제 모델로 신속하게 전환해야 해요. 순환 경제 모델에서는 제품 생산에 쓰인 원자재가 폐기되지 않고 재사용돼요. 이 과정에서 깨끗하고 재생 가능한 에너지가 쓰이죠. 경제학에서 우리 조부모님과 부모님 세대의 임무는 이전에 한 번도 누려 본 적이 없는 물질적 복지를 수십억 명이 누릴 수 있게 해 주는 것이었어요. 이제 여러분 세대의 임무는 그런 복지를 지속 가능하고 공평하게 나누는 거예요.

옮긴이의 말

이 책은 '경제'와 관련된 여러 가지 용어를 쉽게 풀어 설명하면서 경제가 무엇인지 전체적인 큰 그림을 그려 주고 있어요. 경제는 어른들이 이해하기에도 참 어려워요. 가정 경제, 국가 경제, 세계 경제가 어떻게 돌아가는지 다 이해한다면 모두 부자가 될 거예요. 어른들도 경제를 제대로 이해하지 못하기 때문에 주식 투자에 실패하고 경제적인 어려움이 닥쳤을 때 당황해 어찌할 바를 모르는 경우가 많아요. 현대 사회에서는 열심히 일해서 돈을 성실하게 저축하는 것도 중요하지만 자신의 자본을 잘 투자해서 재산을 늘리고 좋은 일에 기부하는 것도 중요해요.

'자녀에게 물고기를 잡아 주면 한 끼밖에 못 먹지만 물고기 잡는 방법을 가르쳐 주면 평생을 먹고살 수 있다'라는 『탈무드』 속담이 있어요. 물고기 잡는 지식을 그대로 전해 주기보다 물고기 잡는 방법과 지식을 창조하는 지혜를 심어 주어 세상을 살아가는 힘을 길러 주라는 의미라고 해요. 이런 의미에서 이 책은 여러분에게 물고기 잡는 방법을 가르쳐 주는 책이에요. 경제의 기본 개념과 용어를 설명하면서 경제가 우리의 생활과 얼마나 밀접한지 가르쳐 주고, 여러분이 성장해서 경제적인 능력을 갖출 수 있도록 자생력을 심어 주는 내용이 담겨 있어요.

무엇보다 중요한 것은 올바른 경제 개념을 배우는 거예요. 부모님은 어린 자녀에게 사랑을 돈으로 표현하지 말고 돈에 대한 올바른 개념과 가치를 심어 주어야 아이가 성장해서 자신의 힘으로 세상을 살아갈 수 있어요. 또 자녀는 부모님을 언제든 돈이 나오는 현금 인출기로 생각하면 안 돼요. 올바른 경제 개념을 배우지 못하면 손가락 사이로 빠져나가는 모래알처럼 돈도 빠져나갈 거예요.

지금 세계는 관세 전쟁으로 어지럽게 돌아가고 있어요. 세계 각국이 자기 나라의 경제적 이익만 생각하고 다른 나라의 이익을 무시한다면 세계 경제는 무너지고 큰 어려움이 닥칠 거예요. 그러면 우리가 지금 누리는 물질적 풍요는 지속 가능하지 않아요.

이 책에서 가장 강조하는 것도 '지속 가능성'이에요. 지속 가능성은 한 세대가 자신의 필요를 충족시키는 동시에 다음 세대의 필요도 해치지 않는다는 의미예요. 환경이 파괴되고 부가 불균등하게 분배된다면 물질적 풍요는 지속 가능하지 않아요.

이제는 경제 성장보다 삶의 질을 높일 수 있는 복지가 중요해졌어요. 이 책은 부모님 세대가 만들어 준 물질적 복지를 여러분 세대가 지속 가능한 것으로 만들고 공평하게 나누어서 이후 세대에도 전달할 임무가 있다고 말해요. 그러려면 부와 복지에 대해 새롭게 정의해야 한다고 강조하고 있죠.

돈을 많이 버는 것뿐만 아니라 유용하게 잘 쓰는 것도 중요해요. 환경을 보호하고 다른 사람들을 배려하며 부가 공평하게 나누어지도록 노력해야 하죠. 그런데 그러려면 부와 복지에 대한 새로운 감성과 정의가 필요해요. 이를 위해서는 경제가 무엇인지 알아야 하고요.

책 내용을 이해하기가 다소 어려울 수 있어요. 하지만 호기심을 가지고 열심히 읽다 보면 이런 거구나 깨달을 수 있을 거예요. 이 책이 여러분에게 물고기를 낚을 수 있는 낚싯대가 되길 바라요.

글 주세페 모리치

마케팅과 컨설팅 분야에서 일했어요. 프록터앤드갬블, 모니터, 바릴라, 볼튼 같은 회사에서 CEO를 지냈어요.
현재 펠트리넬리 출판사의 부사장이에요. 기업 컨설턴트이자 투자 컨설턴트로 일하면서 경영 교육에 적극적으로 참여하고 있어요. 지은 책으로 『나쁜 사람이 되지 않고도 마케팅하는 법』, 『나쁜 사람이 되지 않고도 관리자가 되는 법』, 『막 나가지 않는 리더』 등이 있어요. 이탈리아 밀라노와 나르니 사이에 살면서 아내와 함께 세 아이를 양육하고 있어요.

그림 토마소 비두스 로진

삽화가이자 그래픽 디자이너예요. 이탈리아의 콰드라토 스튜디오에서 크리에이티브 디렉터로 일하고 있어요.
그린 책으로 『미래가 왔어요』, 『과학 지도』 등이 있어요. 두 아이의 아버지로서 아이들에게 삽화의 세계를 알려 주고 있어요. 디지털이 없었다면 그는 삽화가가 되지 못했을 거예요. 아마도 트럼펫 연주자가 되었겠죠.

옮김 이승수

한국외국어대학교 이탈리아어학과를 졸업하고, 같은 대학교에서 비교문학 박사 학위를 받았어요. 현재 한국외국어대학교 이탈리아어 통번역학과에서 강의하면서 이탈리아어 번역가로 활동하고 있어요. 옮긴 책으로 『피노키오의 모험』, '제로니모의 환상 모험' 시리즈, '모르티나' 시리즈, '빌로와 빌라' 시리즈, '푸치와 브루닐드' 시리즈, 『미래 직업 대탐험 101』, 『첫눈』, 『길을 잃었어』, 『왜 그럴까?』 등이 있어요.

경제가 중요해!

초판 1쇄 인쇄 | 2025년 7월 10일
초판 1쇄 발행 | 2025년 7월 21일

지은이 | 주세페 모리치
그린이 | 토마소 비두스 로진
옮긴이 | 이승수
펴낸이 | 박남숙

펴낸곳 | (주)소소 첫번째펭귄
출판등록 | 2022년 7월 13일 제2022-000195호
주소 | 03961 서울특별시 마포구 방울내로9길 24 301호 (망원동)
전화 | 02-324-7488
팩스 | 02-324-7489
이메일 | sosopub@sosokorea.com

ISBN 979-11-990987-0-1 73320
책값은 뒤표지에 있습니다.

• 이 책 내용의 일부 또는 전부를 재사용하려면 반드시 (주)소소의 동의를 얻어야 합니다.
• 잘못 만들어진 책은 구입하신 서점에서 교환해드립니다.

제품명 어린이용 각양장 도서 **제조자명** (주)소소 첫번째펭귄 **제조국명** 대한민국 **사용연령** 6세 이상
주의사항 종이에 베이거나 긁히지 않도록 조심하세요. 책 모서리가 날카로우니 던지거나 떨어뜨리지 마세요.
KC마크는 이 제품이 공통안전기준에 적합하였음을 의미합니다.